海外健康生活 Q&A

監修：濱田篤郎 東京医科大学教授
編著：東京医科大学病院 渡航者医療センター

はじめに～海外生活にようこそ！

　日本から仕事や留学で海外に長期滞在する人は年々増加しており、2015年はその数が85万人になりました（外務省海外在留邦人数調査統計）。海外での生活は新しい体験のできる場であるとともに、家族の絆を強くする絶好の機会になりますが、生活面ではさまざまな問題にも直面します。その一つが健康問題です。滞在先で病気になり辛い思いをする方もいれば、どの医療機関にかかったらいいか悩まれる方もいます。医療費の支払い方法に戸惑うケースもあるでしょう。

　私たち東京医科大学病院・渡航者医療センターでは、長年にわたり海外で生活する方々の健康面をサポートしてきました。病院の外来受診者だけでなく、赴任前ガイダンスの参加者、海外で実施する巡回医療相談を受けられる方など、数多くの海外長期滞在者の健康管理を行ないながら、健康上の悩みに対応してきました。

　こうした経験をもとにして、本書では海外で健康な生活を送るために必要な知識を、当センターのスタッフがQ&A形式でわかりやすく解説しています。

　海外でおきる健康問題の中には感染症、メンタルヘルスの不調、生活習慣病などがあります。また、帯同する家族にも、性別や年齢に特徴的な健康問題がみられます。さらに、医療機関の受診方法や医療費の支払いなど、海外では医療システムの面でも不安材料があります。これらの健康問題に対応するため、本書では海外出国前、滞在中、帰国後の時間軸に沿って健康対策を解説するとともに、最終章では各地域別の情報も掲載しました。また、婦人科系の病気に関しては、ドイツで活躍されている中川フェールベルク美智子先生にコラム「女性の

健康」として解説をお願いしました。

　本書では海外という広い範囲を網羅するため、海外で生活する方々に共通する情報を中心に記載しています。各国別の詳しい情報については、インターネットのホームページや書籍などを参考に、ご自身で調べてください。各国の情報調査方法については、本文の中で紹介してあります。また、本書では海外の国を先進国と発展途上国（途上国）に分けて説明している箇所があります。この場合、先進国とは北米、西欧、オーストラリア、ニュージーランドなどの国々で、それ以外は途上国としてお読みください。

＊

　なお、本書では「病気の世界地図」というコラムを随所に配置しています。これは、監修者の濱田が、世界各地を旅する中で経験した健康上の出来事をコラム形式にまとめたものです。世界各地の健康問題の実情を知るだけでなく、その国の文化や生活を理解するためにもご活用ください。本コラムの一部は、時事通信フィーチャー・サービス配信の「世界の病気」（2014年9～12月連載）、海外邦人医療基金の機関紙「ニュースレター」掲載の「病気の世界地図」（2014年10月～2015年12月配信）に加筆修正したものです。

＊

　本書の内容をもとに、海外で生活する方々が、健康を維持しながら実り多い日々を送られることを期待しています。

2017年2月
東京医科大学病院 渡航者医療センター
教授　濱田　篤郎

目次

はじめに

第1章　出国前の準備 ……………………………………………… 9

- Q1　海外で生活する際に注意する健康問題を教えてください　10
- Q2　海外赴任前に健康面で準備することを教えてください　13
- Q3　海外赴任前の健康診断はどのように受ければいいですか？　16
- Q4　海外の医療情報はどのように入手したらいいですか？　18
- Q5　携帯医薬品として、どのような薬を準備したらいいですか？　20
- Q6　持病で治療を受けていますが、何を準備したらいいですか？　22

第2章　海外で注意する感染症 ……………………………………… 25

- Q1　海外ではどんな感染症にかかりやすいですか？　26
- Q2　旅行者下痢症の予防方法、かかった時の対処方法を教えてください　31
- Q3　昆虫が媒介する感染症はどのように予防すればいいですか？　33
- Q4　マラリアの予防薬は、どのように服用するのでしょうか？　38
- Q5　海外で動物に咬まれた時の注意点を教えてください　42
- Q6　最近、世界的に流行している感染症の状況を教えてください　44

第3章　予防接種 …………………………………………………… 49

- Q1　なぜ、海外渡航者に予防接種を推奨するのですか？　50
- Q2　海外渡航者向けのワクチンはどのように選んだらいいですか？　55
- Q3　滞在地域別に推奨するワクチンを教えてください　57
- Q4　予防接種を受ける際のスケジュールを教えてください　60
- Q5　予防接種の副作用や接種後の注意点を教えてください　63

第4章　医療機関の利用方法 ………………………………………… 65

- Q1　海外の医療機関を利用する際には、どのような不便がありますか？　66

Q2　海外と日本の医療システムはどこが違いますか？　68
Q3　海外でのホームドクターの選び方を教えてください　72
Q4　海外で受診する際の具体的な手順を教えてください　75
Q5　海外で急な病気にかかった時はどのように対処したらいいですか？　80
Q6　海外での医療保険の利用方法を教えてください　82
Q7　海外で歯科治療はどのように受けたらいいですか？　86
Q8　海外での出産は心配ないでしょうか？　88
Q9　健康診断や予防接種はどこで受けたらいいですか？　93
Q10　持病がある場合、滞在先でどのように診察を受けたらいいですか？　96

第5章　メンタルヘルス　101

Q1　海外赴任で予想されるストレスにはどのようなものがありますか？　102
Q2　カルチャーショックとは何ですか？　105
Q3　海外生活で心身ともに健康に過ごす秘訣はどのようなことですか？　108
Q4　海外でも日本語でメンタルヘルスの相談ができるところはありますか？　111
Q5　メンタル不調が疑われ、すぐに現地医療機関を受診すべき場合とは？　114

第6章　生活習慣病　117

Q1　なぜ、海外では生活習慣病にかかりやすいのですか？　118
Q2　海外滞在中の食生活はどのようなことに気をつけたらいいですか？　121
Q3　海外滞在中の運動はどのように行なったらいいですか？　126
Q4　海外滞在中、飲酒や喫煙に関して気をつけることは何ですか？　131

第7章　小児の健康　135

Q1　海外で子どもにおこりやすい健康問題には何がありますか？　136
Q2　子どもを海外に連れていく前に健康面で準備すべきことは何ですか？　138
Q3　子どもの定期予防接種はどのように進めたらいいですか？　140
Q4　子どもへの渡航者向けワクチンはどのように接種したらいいですか？　143
Q5　現地での健康管理や病気への対応で心がけることは？　146

第8章　帰国前後の健康管理 …………………………………………… 149

Q1　海外赴任から帰国する際の健康上の手続きを教えてください　150

Q2　帰国後の体調管理はどのようにしたらいいでしょうか？　152

第9章　地域別情報 ……………………………………………………… 155

1　東アジア　156

2　東南アジア　160

3　南アジア　164

4　中東　168

5　アフリカ　172

6　西欧　177

7　東欧、ロシア　181

8　北米　185

9　中米　189

10　南米　193

11　オーストラリア、ニュージーランド　197

コラム

病気の世界地図

1　タイ・チェンマイ〜インフルエンザは雨季に流行する　29

2　フィリピン・マニラ〜デング熱は昼間が危険　36

3　ケニア・ナイロビ〜マラリア今昔物語　40

4　リベリア・モンロビア〜エボラ熱爆発のメカニズム　46

5　スリランカ・コロンボ〜海外での医師の選び方　70

6　インドネシア・ジャカルタ〜家族付き添いの功罪　78

7　アメリカ・クリーブランド〜トランプ大統領はアメリカ医療を変えるのか？　84

8　ベトナム・ホーチミン〜エスニック料理の罠　124

9　ナイジェリア・ラゴス〜世界一危険なウォーキング　129
10　中国・北京〜大気汚染の健康対策　158
11　マレーシア・クアラルンプール〜熱帯生活とエイジング　162
12　パキスタン・イスラマバード〜点滴は町の薬局で　166
13　トルコ・イスタンブール〜イスラム教禁忌の医学的意味　170
14　エジプト・カイロ〜騒音と静寂の町　175
15　フランス・パリ〜12月の雨が運ぶ病　179
16　ドイツ・ベルリン〜森に潜む悪魔「ダニ媒介性脳炎」　183
17　アメリカ・ニューヨーク〜大リーガーも悩む秋の花粉症　187
18　キューバ・ハバナ〜高齢者医療の達人　191
19　ブラジル・レシフェ〜日本代表を襲った熱射病　195

女性の健康

1　海外での妊娠出産　91
2　海外生活での婦人科　99

表紙カバーデザイン――須藤博行

第1章
出国前の準備

Q1 海外で生活する際に注意する健康問題を教えてください

A
　海外滞在中は「感染症」「生活習慣病」「メンタルヘルスの不調」「気候の変化による不調」などの健康問題に注意してください。

解説

　海外で生活している日本人（約2000人）を対象に行なった健康調査の結果があります。「現在、何か健康上の訴えがありますか？」と質問したところ、半数以上の人が「訴えがある」と答えました。この数は日本で生活している人に比べて倍以上の数でした。それでは、「現在、医療機関にかかっていますか？」と質問すると、「医療機関にかかっている」という回答はわずか10％ほどで、国内に比べて半分以下でした。

　このように海外で生活している人は、国内よりも健康上の訴えが多いにもかかわらず、あまり医療機関を利用していないことがわかりました。なぜ、これほどまでに健康上の訴えが多いのでしょうか。それは海外特有の健康問題が数多くあるからです。以下にその概要を紹介します。

1．感染症

　日本では衛生環境の整備が進み、感染症にかかるリスクが大変低くなりましたが、海外、特に途上国では感染症が猛威をふるっており、日本人が滞在中にかかるケースがよくみられます。特に飲食物からかかる旅行者下痢症やＡ型肝炎、蚊に媒介されるデング熱などは、高い頻度で発生します。

　途上国に滞在する際には、衛生環境が日本と異なることを自覚し、

飲食物に注意することはもちろん、蚊に刺されないように注意してください。また一部の感染症の予防にはワクチンの接種が有効です。こうしたワクチンの接種方法については第3章で詳しく解説します。

2. 生活習慣病

　食生活などが変化することによっておこる生活習慣病も注意を要します。海外では肉食中心になりやすく、高カロリー、高脂肪の食事が多くなります。さらに車で移動することが多く、運動不足も助長されます。こうして知らず知らずのうちに体重が増加し、高脂血症や高血圧などの生活習慣病を発病してしまうのです。

　このような生活習慣を避けるためには、国内での生活以上に、食生活や運動などへの注意が必要になります。また、すでに生活習慣病で治療中の人は、海外滞在中も治療を続けるようにしましょう。できれば滞在先の医療機関で治療を受けることをお勧めします。海外生活での生活習慣病の注意点については第6章で紹介します。

3. メンタルヘルスの不調

　海外での生活にはストレスがつきものです。その原因には文化環境の変化や言葉の問題などがあげられます。また治安や健康面への不安、さらには現地の人々や日本人同士の人間関係もストレスファクターになることがあります。日頃から、こうしたストレスをうまく回避するよう心がけてください。また、ストレスを溜め込まないように、スポーツなどをして発散するようにしましょう。海外生活で健康なメンタルヘルスを保つための秘訣は、第5章で紹介します。

4. 気候の変化による不調

　日本は比較的温暖な気候で、私たちの体はその気候にセットされています。この状態のまま海外で生活すると、その国の気候に順応できずに体調を崩してしまうことが多くなります。たとえば、熱帯の暑い国に滞在すると、熱射病や皮膚の病気をおこす人が増えます。日中は

日なたに出ない、昼寝をする、皮膚を清潔にするなどの注意をしましょう。また、乾燥した気候の国では、上気道炎やアレルギー性鼻炎になる人が増えます。そのような場所では、手洗いや、うがいなどを励行することが大切です。

5. 医療施設の問題

このように海外に滞在中はさまざまな健康問題がおこりますが、滞在先の医療機関を利用する人はあまり多くありません。これは日本国内のように容易に受診ができないからです。海外の医療機関を受診する際には、言葉の面、システムの面、医療費の面など多くの障害があるようです。しかし、海外で健康な生活を送るには、こうした障害を乗り越えて、積極的に医療機関を利用することが必要なのです。海外で医療機関を上手に使いこなす方法については第4章で解説します。

図表1-1 ◆海外生活で注意する健康問題

健康問題	特に注意する国	主な対処法
感染症 旅行者下痢症、デング熱など	途上国	・加熱した料理を食べ清潔な飲料水を飲む ・昆虫に刺されない注意、予防接種
生活習慣病 高血圧、高脂血症など	どの国でも	・高カロリー、高脂肪の食事をひかえる ・適度な運動をする、定期的な健康診断
メンタルヘルスの不調 うつ病など	どの国でも	・スポーツなどをしてストレスを発散する ・日本国内に相談できる方法をみつける
気候の変化による不調 熱射病、上気道炎など	熱帯の国	・暑い気候では日中の外出をひかえる
	乾燥している国	・うがいや手洗い

Q2 海外赴任前に健康面で準備することを教えてください

A 海外赴任前には健康診断や予防接種を受けておきましょう。また現地の医療情報の入手や携帯医薬品の準備もお勧めしています。持病がある人は英文の紹介状を準備しておくと、現地での受診にあたり便利です。

解説

海外赴任にあたっては仕事の整理だけでなく、引っ越しや行政の手続きなど生活面での準備がたくさんあります。これに加えて、健康面での旅支度も忘れずにしておきましょう。次にあげる項目についてチェックをしてください。

1. 健康診断

日本の法律では、海外赴任する本人は出国前に健康診断を受けることが義務づけられています。帯同家族はこの法律の対象になりませんが、現在の健康状態を把握するだけでなく、その結果を自身の医療情報として海外に持参するためにも、同様の健康診断を受けておくことをお勧めしています。健康診断の詳細については本章Q3を参照ください。

2. 予防接種

海外では感染症にかかるリスクが高くなるため、出国前に予防接種を受けておくことをお勧めします。どのような予防接種を受けたらいいかについては、第3章で詳しく紹介します。なお、予防接種には複数回の接種が必要なものが多く、海外赴任の1ヵ月以上前には予防接種を開始するようにしてください。

お子さんを帯同する場合は、BCGや四種混合ワクチンなどの定期予防接種をどのように継続するかという問題がおこります。この点に関しては第7章を参考にしてください。またお子さんが日本で受けた定期予防接種の英文記録を持参してください。現地で継続接種する場合はもちろんのこと、学校に入学する際にも必要になることがあります。

3. 医療情報の入手

　滞在する国で病気になった時には、滞在先の医療機関を受診して検査や治療を受けることになるでしょう。こうした事態に備えるため、滞在する国の医療情報を出国前に入手しておくことが大切です。医療情報には医療制度に関する情報や医療機関に関する情報があり、インターネットでの入手が可能になっています。医療情報の詳細については本章Q4を参照してください。

4. 医療費の支払い方法の確認

　海外でかかる医療費は国内に比べて高額になることが多いようです。そのため医療保険に加入して、医療費の支払いに備える必要があります。どのような保険に加入するかは滞在する国により異なりますが、赴任前に滞在先の情報を入手しておきましょう。滞在する国によっては出発前の医療保険への加入が必要になります。海外での医療費の支払いに関する情報は第4章Q6で詳しく解説します。

5. 持病がある場合の準備

　持病がある人は、主治医に英文の紹介状を作成してもらいましょう。滞在先の医療機関で治療を受ける場合はもちろんのこと、滞在先で病状が悪化する事態に備えるためにも、紹介状の準備をしてください。

　なお、英語圏以外の国に滞在する場合でも、英文の紹介状で問題ありません。紹介状には病名と簡単な経過、服用している薬の名前など

を記入してもらってください。持病のある人の出国前準備については本章Q6を参照ください。

6. 携帯医薬品の準備

海外の薬局で売られている医薬品は、日本人にとって強すぎるという話をよく耳にします。たしかに含有量が多いこともあり、日本人が服用すると腹痛や下痢をおこすことが少なくありません。そこで、カゼ薬や下痢止めなど日頃から用いる薬は、日本で使い慣れたものを持参しましょう。携帯医薬品の詳細は本章Q5を参照ください。

7. 総合的な健康対応を受けるには

海外赴任前に総合的な健康対応を受けたい人には、トラベルクリニックの受診をお勧めしています。このクリニックは海外渡航者の健康管理専門の医療機関で、健康診断や予防接種とともに、滞在先の医療情報の提供や持病のある人の健康指導などを行なっています。トラベルクリニックの所在については厚生労働省検疫所や日本渡航医学会のホームページ（19頁掲載の図表1-4）を参照ください。

図表1-2◆健康準備のためのチェックリスト

- □健康診断を受けましたか？
- □予防接種を受けましたか？
- □定期予防接種の英文記録を準備しましたか？（子どもを帯同する場合）
- □滞在先の医療情報を入手しましたか？
- □医療費の支払い方法を確認しましたか？
- □持病のための英文紹介状を準備しましたか？（持病がある場合）
- □携帯医薬品を準備しましたか？

Q3 海外赴任前の健康診断はどのように受ければいいですか？

A
赴任者には法律で定められた健診項目があります。これに加えて人間ドックのように広い範囲の検査を受けることをお勧めします。帯同家族も同じような健診を受けるようにしましょう。

解説

　日本の法律（労働安全衛生法）では、海外に仕事で6ヵ月以上滞在する場合、出国前に健康診断を受けることを義務づけています。この健康診断は赴任者が現在の健康状態を把握する目的とともに、自身の健康情報として海外に持参するために行なわれます。

1. 健康診断の項目

　検査内容は法律で定められた項目が中心になりますが、海外では体調不良があった場合に精密検査を受けるのがむずかしくなるので、人間ドックのように、できるだけ広い範囲の検査を受けておくことをお勧めします。これには消化器系や婦人科系のがん検診も含まれます。もし異常所見が見つかったなら精密検査や治療を受け、万全な状態で出国していただきたいと思います。このため、健康診断は出発の1ヵ月以上前に受けておくのがいいでしょう。

　健康診断の結果は滞在先で医療機関を受診する際の重要な情報になるので、英文に訳して持参することをお勧めしています。海外向けの健康診断は、健診センターや大きな病院などで実施しています。

2. 家族の健康診断

　帯同する家族については健康診断が法律で義務づけられていませんが、同行する配偶者にも赴任者と同じ内容の検査をお勧めしていま

す。これには子宮がん検診や乳がん検診も含まれます。

お子さんについては、現在の健康状態を記録するという意味合いが強いので、身体計測（身長や体重など）や簡単な検査（血液型や尿検査など）だけで構いません。

3. 歯科健診

海外では歯の治療を受けるのがむずかしくなります。これは技術面や衛生面などの問題があるからです（詳細は第4章Q7参照）。そこで出国前には、歯科健診も受けておきましょう。これまで歯の治療を受けたことがない人もチェックをしておくといいでしょう。虫歯が見つかったなら、応急処置をしてもらってください。

4. 就労ビザ健診

滞在する国によっては就労ビザを取得するために、特別な健康診断が必要になる場合があります。検査項目が決められていたり、健診の受けられる医療機関が指定されていることもあるので、事前に滞在する国の在日大使館などに問い合わせておきましょう。なお、こうしたビザ健診には、HIV検査など感染症関係の検査項目が入っていることが多いようです。

図表1-3◆海外赴任者の健康診断項目（労働安全衛生法で規定された項目）

必須項目	問診、身体計測（身長、体重、腹囲、視力、聴力の検査）、胸部レントゲン検査、血圧測定、貧血検査、肝機能検査、血中脂質検査、血糖検査、尿検査（尿糖、尿たんぱく）、心電図検査
必要に応じて追加する項目	腹部画像検査(胃部エックス線検査、腹部超音波検査)、尿酸検査、B型肝炎ウイルス抗体検査、血液型検査、便の寄生虫検査
法律にはないが追加を検討する項目	大腸がん検診（便潜血反応など）、乳がん検診、子宮がん検診、C型肝炎ウイルス抗体検査、歯科健診など

Q4 海外の医療情報はどのように入手したらいいですか？

A
海外の医療機関や感染症関係の医療情報は、インターネット上のホームページから入手できます。

解説

海外赴任前には滞在国の医療情報の入手をお勧めします。医療制度、医療機関、感染症、定期予防接種などの詳細は、インターネット上の情報サイトから入手できます。

1. 医療制度の情報

滞在する国の受診システムや医療保険の制度などは、医療機関を上手に使うために必須の項目です。この種の情報は、外務省の渡航関連情報ホームページが有用です。サイトには海外の在外公館に勤務する医務官が収集した情報が掲載されており、かなり詳細な内容を知ることができます。また、海外の大きな町では、日本人会のホームページに医療制度の情報が詳しく掲載されている場合もあります。

2. 医療機関の情報

海外でどの医療機関を受診するかを決める際に必要な情報です。外務省の渡航関連情報や、海外邦人医療基金のホームページが充実しています。いずれのサイトも定期的に更新されており、最新の情報を知ることができます。また、最近は海外旅行保険の会社がホームページに提携医療機関に関する情報を掲載しています。

3. 感染症の情報

海外で流行している感染症については、厚生労働省検疫所のホームページから詳細な情報を入手できます。地域別の状況に加え、最新の

流行情報もリアルタイムで更新されています。さらに、それぞれの感染症を解説したページがあり、辞書としても使えます。なお、筆者らが開設している「海外旅行と病気」のホームページも海外の感染症情報をわかりやすく解説していますので、ぜひご利用ください。

4. 赴任前ガイダンスの活用

　最近は、海外赴任者や家族を対象にした赴任前ガイダンスを開催する企業が増えており、健康面の情報提供も行なっています。日本在外企業協会や海外赴任の支援団体などでは、一般の赴任者を対象にガイダンスを定期開催しています。こうした講義に参加すると、医療情報を総合的に入手できます。

図表1-4◆インターネット上の海外医療情報サイト（一般向けのサイト）

サイト名、URL	内容
厚生労働省検疫所 http://www.forth.go.jp/	海外感染症流行情報、推奨予防接種情報、国内のトラベルクリニック情報
外務省海外安全ホームページ http://www.anzen.mofa.go.jp/	海外感染症流行情報
外務省渡航関連情報 http://www.mofa.go.jp/mofaj/toko/	国別の医療制度や疾病情報、推奨予防接種情報、海外医療機関情報
海外邦人医療基金 http://www.jomf.or.jp/	海外医療機関情報
日本小児科医会国際部 http://www.jpaic.net/	国別の子どもの予防接種情報
日本渡航医学会 http://jstah.umin.jp/	国内のトラベルクリニック情報
東京医科大学病院渡航者医療センター http://hospinfo.tokyo-med.ac.jp/shinryo/tokou/	海外感染症流行情報
海外旅行と病気 http://www.tra-dis.org/	海外滞在中の病気の解説

Q5 携帯医薬品として、どのような薬を準備したらいいですか？

A
携帯医薬品には、頻度の高い病気のための医薬品を国内の薬局で準備してください。種類としては総合感冒薬（カゼ薬）、整腸薬（下痢止め）、皮膚の軟膏、衛生用品などがあります。

解説

海外で病気になった時、症状が重症でなければ、まずは手持ちの薬を使用して様子をみてください。この時に使用する医薬品を滞在先で調達することもできますが、いろいろな面で問題がおこります。

たとえば海外の薬局で販売されている医薬品は含有量が多く、日本人には強すぎるといわれています。また、途上国では薬の品質が悪かったり、偽薬が販売されていることもあります。そこで、日本で医薬品を準備し、それを滞在先に携帯することをお勧めしています。

1. 準備する医薬品の種類

準備する医薬品は頻度の高い病気を想定して選びましょう。種類としては、総合感冒薬（カゼ薬）、整腸薬（下痢止め）、健胃薬などの内服薬とともに、皮膚の軟膏、消毒薬などの外用薬があげられます。また、体温計、絆創膏といった衛生用品も忘れないようにしましょう。1年間滞在するとして一人当たり1～2週間分を準備してください。

2. 医薬品準備の注意点

内服薬の場合、錠剤やカプセルを選んでください。白い粉は麻薬と間違われることがあります。添付文書も必ず持参し、その指示に従って服用するようにしましょう。なお、医薬品の保管は冷暗所が原則です。気温の高い国では冷蔵庫の中に保管することも検討してくださ

い。

3. 入国時の注意

　海外に医薬品を持ち込む場合は入国時にトラブルがおきないか心配になるものです。もし、入国時に係官などから質問された場合は、「自分の健康のために使用します」と伝えてください。持病があり大量の医薬品を持ち込む場合は、日本の主治医から英文の診断書を作成してもらいましょう。なお、睡眠薬やメンタル関係の薬は、国によって持ち込めない場合があります。出国前に在日大使館などに問い合わせてください。

4. 海外で手に入りにくい医薬品

　海外で入手しにくい医薬品もあります。たとえば皮膚の軟膏や湿布などは、日本ほどの種類が海外にはありません。アレルギー関係の薬も、海外では日本ほど種類が豊富ではないようです。

図表 1-5 ◆携帯医薬品

	内服薬	外用薬	衛生用品
基本セット	総合感冒薬 下痢止め薬 総合胃腸薬	消毒薬 皮膚軟膏 うがい薬	救急絆創膏 体温計 耳かき
必要に応じて追加	鎮痛薬 便秘薬 アレルギー薬	昆虫忌避剤 日焼け止めクリーム 湿布薬	生理用品 コンタクト保存用品 経口補液剤

Q6 持病で治療を受けていますが、何を準備したらいいですか？

A
持病のある人は、日本の主治医に英文の紹介状を作成してもらい、それを持参するようにしましょう。服用中の薬があれば、少し多めに処方してもらうようにしてください。

解説

日頃から持病があり、医師の診察を定期的に受けている人は、滞在先でどのように診察を続けるのかが心配になります。まずは日本の主治医を受診して、今後の診療について相談をしてください。

1. 海外赴任の可否

持病のある人で海外赴任の予定がある場合、まずは主治医に赴任の可否を判定してもらいましょう。可能ということであれば、次に診察をどのように継続するかの判断になります。軽い病気であれば、一時帰国の際に日本で経過観察を受けることも可能ですが、できるだけ滞在先の医療機関で診察を受けることをお勧めしています。

2. 紹介状の作成

日本の主治医には、紹介状の作成をお願いしましょう。紹介状は滞在先の医療機関で診療を続ける場合はもちろんのこと、診療を続ける必要がなくても、病状が悪化した時に備えるために必要です。

紹介状の言語については、英語圏以外の国に滞在する場合でも、英語の記載で問題ありません。紹介状に記載する内容は、病名、経過、服用している薬の名前などになります。薬の名前は商品名ではなく、一般名を記載してもらいましょう。商品名は日本国内では通用しても、海外では通用しないことが多いからです。海外の医療事情に精通

図表1-6 ◆英文紹介状（例）

Medical Record

January 10, 2017

To whom it may concern

 I would like to introduce the following patient. It would be most appreciated if you could arrange medical care for him/her in your country. If you may have any comments or questions, please forward them to me.

Name of patient: _____

Date of birth: _____ SEX: male / female

Diagnosis: (1) Hypertension

　　　　　(2) Gastroesophageal Reflux Disease

Rp:

　#1. Amlodipine besilate (5mg/tablet) : 1 tablet daily (after breakfast)

　　　(Amlodin®)

　#2. Lansoprazole (15mg/tablet) : 1 tablet daily (after supper)

　　　(Takepuron OD®)

　#3. Mosapride citrate hydrate (5mg/tablet) : 1 tablet 3 times daily (after each meal)

　　　(Gasmotin®)

　　　　　　　　　　　　　　　　　　　　　　_____, M.D.

　　　　　　　　　　　　　　　　　　　　　　　　　Travellers' Medical Center

　　　　　　　　　　　　　　　　　　　　　　Tokyo Medical University Hospital

　　　　　　　　　　　　　　　　　　　　　　6-7-1 Nishishinjyuku, Shinjyukuku,

　　　　　　　　　　　　　　　　　　　　　　　　　　Tokyo, Japan 160-0023

　　　　　　　　　　　　　　　　TEL: +81-3-0000-0000 FAX: +81-3-0000-0000

注：『海外勤務と健康～健康管理の手引き』（海外勤務健康管理センター、2010年刊）11ページ掲載の簡易型英文紹介状（例）を一部修正

した医師であれば、紹介状の書き方を理解していますが、あまり慣れていない医師には、図表1-6に示す紹介状の雛形に合わせて記載してもらってください。

3. 滞在先での医療機関の選び方

まずは滞在先のホームドクターを受診し、専門医を受診したほうがいいかどうかの判断をしてもらいましょう。そのままホームドクターが診療をしてくれる場合もあります。もし、日本の主治医の知り合いが滞在先にいれば、その医師の紹介を受けるという方法もあります。医療機関の選び方については第4章で詳しく解説します。

4. 薬の処方

現在、薬を服用中の人は、その薬が現地でも入手できるかを調べておく必要があります。この調査は日本の主治医にお願いするといいでしょう。また、日本の販売元に問い合わせると、滞在先での販売状況を教えてくれます。

仮に、滞在先で入手できるとしても、海外での生活を始めた当初は医療機関を受診する時間がないため、出国前には日本の主治医から薬を多めに処方してもらうようにしましょう。

第2章
海外で注意する感染症

Q1 海外ではどんな感染症にかかりやすいですか？

A
海外でも途上国に滞在していると感染症のリスクが高くなります。頻度の高いのは経口感染症、蚊が媒介する感染症、性行為や医療行為でかかる感染症、動物由来の感染症、患者からかかる感染症などです。

解説

海外では衛生状態や気候の問題などで感染症にかかるリスクが高くなります。特にアジア、アフリカ、中南米などの途上国では感染症が日常的に流行しており、要注意です。以下に海外でかかりやすい感染症を経路別に紹介します。

1．経口感染症

飲み物や食べ物からかかる感染症には旅行者下痢症やA型肝炎があります。途上国ではいずれの地域でもリスクの高い病気で、特に旅行者下痢症は1ヵ月間の途上国滞在で、半数以上の人が発病するとされています。

旅行者下痢症の原因は大腸菌がもっとも多く、通常は2〜3日の経過で改善しますが、トイレから出られないほどの激しい下痢になることもあります。予防方法などは本章Q2を参照ください。

A型肝炎はウイルスによりおこる病気で、発熱や黄疸がみられます。魚介類を食べてかかるケースが多いとされています。

2．蚊が媒介する感染症

デング熱やマラリアが頻度の高いものとしてあげられます。

デング熱は東南アジアや中南米で流行しており、ネッタイシマカが

媒介します。都市やリゾートでも感染の危険性があるため、日本人の感染例も数多くみられます。通常は1週間ほどの経過で回復しますが、重症型のデング出血熱になるケースも時々あります。

マラリアはハマダラカが媒介する病気です。流行地域は熱帯や亜熱帯に広く分布していますが、アジアや中南米では流行地域が森林地帯などに限定しており、都市やリゾートでの感染リスクはほとんどありません。一方、赤道周辺のアフリカでは国内全域が流行地域になっています。また、アフリカでは重症化する熱帯熱マラリアが流行しているため要注意です。

蚊が媒介する感染症の予防方法については、本章Q3を参照ください。

図表 2-1 ◆海外でリスクのある感染症

感染経路	感染症	主な流行地域
経口感染	旅行者下痢症、A型肝炎	途上国全域
	腸チフス	途上国全域（特に南アジア）
	ポリオ	南アジア、熱帯アフリカ
蚊が媒介	デング熱	東南アジア、南アジア、中南米
	マラリア	熱帯・亜熱帯地域（特に熱帯アフリカ）
	黄熱	熱帯アフリカ、南米
	日本脳炎	東アジア、東南アジア、南アジア
性行為や医療行為で感染	梅毒、尿道炎、HIV感染症	途上国全域
	B型肝炎	アジア、アフリカ、南米
動物から感染	狂犬病	途上国全域
患者から感染	結核、麻疹、髄膜炎菌感染症	途上国全域

3. 性行為や医療行為でかかる感染症

　梅毒、Ｂ型肝炎、HIV感染症などが性行為で感染します。渡航者の滞在先での行動パターンによりリスクが高くなります。また、途上国の医療機関では、注射器など医療器材が病原体に汚染されていることもあり、医療処置によりＢ型肝炎やHIV感染症にかかるリスクがあります。

4. 動物からかかる感染症

　動物から感染する狂犬病も海外では注意すべき病気です。狂犬病は発病すると致死率が100％近くに達するため、海外の流行地域ではイヌなどの動物には安易に近寄らないよう注意することが大切です。動物に咬まれた場合は、狂犬病の発病を予防するため、ワクチン接種を大至急受けましょう。動物に咬まれた際の処置については、本章Ｑ５を参照ください。

5. 患者からかかる感染症

　結核や麻疹は患者からかかる感染症で、海外では注意が必要です。途上国では家政婦や運転手として現地の人を雇用することがよくありますが、こうした身近にいる使用人から感染するケースがみられます。

コラム　病気の世界地図1

タイ・チェンマイ～インフルエンザは雨季に流行する

●インフルエンザが増える季節

　チェンマイはタイの北部に位置する古都で、町の中心部に残る古い城壁が歴史の重みを感じさせてくれます。バンコクに比べて涼しく、また町の中も比較的静かなため、最近は日本人の高齢者が第二の人生を楽しむ町として人気を集めています。

　この町を私が訪問したのは、雨季の始まる6月のことでした。知り合いの病院を訪れると、外来の待合室に患者さんがたくさん並んでいます。案内してくれたドクターに「何か病気がはやっているのですか？」と聞くと、意外な答えが返ってきました。

　「いまは雨季なのでインフルエンザの患者が増えています」

　日本には四季がありますが、タイのような熱帯の国には乾季と雨季の2つの季節しかありません。日本でインフルエンザが流行するのは冬の乾燥した季節なので、私は熱帯でも乾季に流行するものと思っていました。

　「なぜ雨季に流行するのですか？」と質問すると、ドクターはにやりと笑いながら「それは町に出てみればわかりますよ」と言って、立ち去ってしまいました。

●熱帯のスコール

　町を歩いていると突然、雨が降り始めました。それまで晴れわたっていた空が急に暗くなり、大粒の雨が落ちてきます。猛烈な雨が1時間ほど続くと、その後は再び青い空が戻りました。これが熱帯特有のスコールで、雨季とはこのスコールが毎日発生する時期を指します。日本で雨季というと、梅雨時のように一日中雨が降る様子を思い浮かべますが、それとは大きく違います。

　ホテルに戻ってびしょ濡れの服を着替えていると、寒さで体が震えてきました。

チェンマイのワット・スアン・ドーク

雨季は気温も低めになるので、雨で体が冷えればインフルエンザにかかることだってあるでしょう。これも雨季に流行する原因になりますが、もっと大きな原因がありそうです。

●雨でも傘をささない

翌日、私はショッピングモールに傘を買いにいきました。ところが、雨傘を売っている店がなかなか見つかりません。雑貨屋の片隅でようやく傘を見つけて、レジに持っていきました。

実は、タイでは雨が降ってもあまり傘をささないそうです。この店の主人が言うには、その理由が2つあるとのこと。一つは、雨あしが強すぎて傘をさしても濡れてしまうから。そして、もう一つは、雨が降っても短時間なので、待っていればやむから。

たしかに、昨日スコールが降った時も、私は雨の中をダッシュしましたが、傘をさしている人はほんのわずかで、町の通りは閑散としていました。この間、現地の人たちはどこにいたのかというと、彼らは雨宿りをしていたのです。

その光景を思い浮かべながら、私はこの雨宿りこそがインフルエンザ流行の原因であることに気づきました。

●雨宿りとインフルエンザ感染

タイでは雨季になると、町のいたるところで雨宿りをしている人を見かけます。雨が降り出すと、軒下や大きな木の下に人々が集まり、そこで雨空を眺めながら雑談をして過ごします。

この雨宿りの間、そこに集まった人々は肩を触れ合いながら過ごしますが、もし、この雨宿りのグループの中にインフルエンザの患者が一人いれば、グループの他の人に感染させてしまうでしょう。そして、そこで感染した人が、この病気を次の雨宿りの場所で蔓延させる。これが雨季にインフルエンザが流行するメカニズムなのです。

後日、医学書を調べると、タイだけでなく世界中の熱帯の国で、インフルエンザが流行するのは雨季と書かれていました。やはりその原因は、雨を避けて狭い空間で過ごすからだそうです。

ちなみに、なぜ日本では冬にインフルエンザが流行するのか。それは乾燥しているからではなく、寒いことが大きな原因のようです。寒いと外出しなくなり、家の中にこもるから。熱帯の雨季と同じように、狭い空間で人々が過ごす時間が増えるため冬に流行するのです。

インフルエンザの流行には、世界各地の習慣が大きく関係しています。

（濱田篤郎）

Q2 旅行者下痢症の予防方法、かかった時の対処方法を教えてください

A
旅行者下痢症の予防のためには飲み物や食べ物に注意をしてください。また下痢症を発病した時には、水分を多めにとるようにしましょう。下痢の回数が多い時は下痢止めを服用してください。

解説

旅行者下痢症は途上国滞在中におこる病気として頻度の高いものです。日頃から十分に予防するとともに、発病した際の対処方法も覚えておきましょう。

1. 飲み物や食べ物についての注意点

旅行者下痢症を予防するには飲み物や食べ物を摂取する時の注意が大切です。たとえば、水道水を直接飲むのは大変危険です。ミネラルウォーターや煮沸した水を飲用してください。水道水からつくられた氷も厳禁です。また食品はできるだけ加熱して摂取しましょう。サラダや果物は加熱されていないことが多いので、特に注意が必要です。調理された料理は早めに食べるようにしてください。

外食は、衛生状態の良い店を選ぶようにしましょう。衛生状態の悪い店では、十分に加熱されていない料理を避けてください。

これに加えて、トイレ使用後や食事前の手洗いも欠かせません。海外では手を洗う所が少ないため、ウエットティッシュなどを携帯すると便利です。

2. 飲料水の殺菌方法

途上国では飲料水としてボトル入りのミネラルウォーターを飲用することを推奨しています。こうした水が手に入らない場合は、水道水

などを殺菌して飲みましょう。もっとも確実で簡単な方法は加熱処理で、1分間の煮沸で十分な殺菌効果が得られます。濾過器を用いる場合は、孔の直径が1μm以下であれば、ほとんどの病原体を除去できます。

3. 感染症以外の下痢の原因

感染症以外にも下痢の原因があります。たとえば海外では水道水の硬度が高いことがあげられます。日本の水に比べて、カルシウムやマグネシウムなど鉱物の濃度が高いのです。この種の鉱物は下剤としての作用があるため、そのまま飲むと下痢をしてしまいます。

また、食事の内容も影響します。たとえば地中海料理で使われるオリーブオイルは腸の働きを活発にしますが、摂り過ぎると下痢をおこすことがあります。カレーなどの辛い料理も適量なら食欲増進になりますが、食べ過ぎると腸の動きを乱してしまいます。

4. かかった時の対処法

軽度の下痢であれば、消化のよい食事を摂取し、水分を多めに補給しましょう。水分の補給にあたっては経口補水液（Oral Rehydration Solution）が効果的で、現地の薬局でも入手できます。

下痢の回数が多い場合は下痢止めを服用しましょう。ただし、強い腹痛や血便、高熱がある時は早めに医療機関を受診してください。

図表2-2◆旅行者下痢症の予防方法

	危険	安全
食品	生の魚介類、非加熱の肉、サラダ、生の乳製品、アイスクリーム、皮がむかれた果物	熱の通った食事、調理された野菜、皮がむかれていない果物
飲み物	水道水、氷、未殺菌の牛乳	ミネラルウォーター（炭酸入りのほうが安全）、煮沸水、瓶入や缶入の飲料
食事をする場所	屋台、現地の貧しい人ばかりの食堂	ホテルのレストラン、外国人旅行者の多い食堂

Q3 昆虫が媒介する感染症はどのように予防すればいいですか？

A
　デング熱やマラリアなどの予防には、蚊に刺されない対策をとります。皮膚の露出を少なくしたり、昆虫忌避剤を用いることが有効です。また、住居周辺で蚊を発生させない対策をとることも大切です。ダニが媒介する感染症もあるので、草原や森林に立ち入る際にはダニに刺されないように注意しましょう。

解説

　デング熱やマラリアなどの予防には、蚊に刺されない対策をとりましょう。皮膚の露出を少なくしたり、昆虫忌避剤を用いることも有効です。

1. 蚊に刺されない対策

　蚊は種類によって吸血する時間帯が異なります。予防のためには、吸血する時間帯にあわせて、長袖・長ズボンなどの着用で皮膚の露出を少なくする対策をとりましょう。また、皮膚に昆虫忌避剤を塗布することも有効です。屋内への蚊の侵入を防ぐためには、殺虫剤や蚊取り線香を用います。寝床に蚊が侵入しやすい環境では、蚊帳を張ることも効果的です。熱帯地域では殺虫剤で処理した蚊帳が販売されており、高い防御効果が証明されています。

2. 昆虫忌避剤の使用

　昆虫忌避剤とは、皮膚や洋服の上に塗布して、蚊が近づくのを防ぐ製剤です。有効性が証明されている成分にはDEET（N, N-diethyl-meta-toluamide）、イカリジン、ユーカリオイルなどがあります。このうちDEETにはさまざまな製剤があり、濃度の高い製剤を用いると

持続時間が長くなります。たとえば、10％の製剤なら約１〜２時間で、20％なら４時間近く有効です。日本では最高で30％近い濃度の製剤が販売されていますが、海外では50％の製剤も販売されています。

　日焼け止めと併用する場合は、先に日焼け止めを塗り、その上から昆虫忌避剤を塗布します。発汗時はこまめに汗を拭き、塗布し直すことも必要です。また、使用後にきちんと皮膚を洗浄すれば、皮膚トラブルの予防もできます。

　小児へのDEETの使用は生後２ヵ月以上から可能ですが、日本の製剤は生後６ヵ月以上からの使用になっています。濃度は30％以下の製剤を使用することが望ましく、手や顔への使用を避け、首や耳回りは薄めに塗ります。

　なお最近、日本ではイカリジンを主成分とする昆虫忌避剤も販売されています。この製剤は年齢制限がなく、小児にも使用できます。

3. 蚊を発生させない対策

　流行地域に長期滞在する時は、蚊を発生させないことが根本的な対策になります。そのためには住居周囲に水たまりをつくらないよう、空き缶・空き瓶などを放置せず、植木鉢は水はけをよくするなど管理に留意してください。室内でも花瓶や植木鉢の受け皿はこまめに手入れし、水回りで使用頻度の少ない排水口はふさぐなどの工夫が必要です。

4. ダニが媒介する病気

　ダニも数多くの病原体を媒介します。最近、日本では重症熱性血小板減少症候群（SFTS）と呼ばれる熱病が西日本で流行しており、ダニに刺されることで感染します。また、中部ヨーロッパからロシアにかけてはダニ媒介性脳炎というウイルス疾患が流行しており、その名のとおりダニが媒介します。さらに、北米や東欧、ロシアで流行しているライム病もダニに刺されて感染します。この病気は発熱や皮膚の

発疹をおこします。

　こうしたダニが媒介する病気を予防するには、草原や森林に立ち入る際に、ダニに刺されないよう注意することが大切です。長袖の服や長ズボンで皮膚を覆うとともに、昆虫忌避剤を皮膚に塗っておきましょう。靴もサンダルではなく、足を完全に覆うものを履くようにしてください。また、草原や森林に立ち入ったあとには、体がダニに刺されていないかをチェックしてください。ダニは１cm前後の大きさで、目で見ることができます。もし刺されていたらすぐに除去し、刺された部分を消毒しましょう。ダニが取れにくい場合は無理をせず、皮膚科を受診して医師に切除してもらってください。

図表 2-3 ◆蚊が媒介する感染症

蚊の種類	吸血する時間帯	媒介する感染症	主な流行地域
イエカ	夜間	日本脳炎	東アジア、東南アジア、南アジア
		西ナイル熱	アフリカ、中東、北米
		バンクロフト糸状虫症	熱帯、亜熱帯
ハマダラカ	夜間	マラリア	熱帯、亜熱帯（特にアフリカ）
ヤブカ（ネッタイシマカ、ヒトスジシマカなど）	昼間（特に日の出後、日没前）	デング熱	熱帯、亜熱帯（特に東南アジア、中南米）
		チクングニア熱	アフリカ、アジア、中南米
		ジカ熱	中南米、南太平洋、東南アジア
		黄熱	アフリカ、南米

コラム　病気の世界地図2

フィリピン・マニラ〜デング熱は昼間が危険

●熱帯のキリシタン大名

　フィリピンの首都マニラを熱帯病の調査で訪問した時のことです。マニラ中心部の公園を訪れると、そこには日本の戦国大名・高山右近の大きな銅像が建っていました。

　高山右近は大阪を拠点にしたキリシタン大名で、16世紀後半の戦国時代に活躍します。その後、彼は熱帯のマニラに移住し、そこで亡くなっていたのです。彼が活躍した時代、マニラはスペイン領ルソンの首都であるとともに、東アジアへのキリスト教布教の要衝でした。日本では江戸時代にキリスト教が禁じられますが、棄教を拒否した多くの信者がマニラに追放されました。キリシタン大名である右近もその一人だったのです。

　高山右近がマニラに到着したのは64歳という高齢でした。マニラの人々は彼を英雄として迎えますが、マニラ到着後わずか1ヵ月で病死しています。

●死因は何か？

　この時、彼は高熱を発し、数日で死亡したとされています。なんらかの感染症が原因のようですが、病原体は何だったのでしょうか。

　現在、マニラでは高熱を発する感染症としてデング熱が流行しています。蚊が媒介する病気で、発熱や発疹などの症状をおこします。ほとんどの患者は1週間ほどで回復しますが、時々、出血やショックで死亡することがあります。日本からの滞在者が感染するケースも数多くみられます。

　では、デング熱が右近の死因だったかというと、その可能性はないと思います。なぜなら、この病気がマニラで流行するのは18世紀以降になってからです。デング熱はもともとアフリカ大陸の風土病で、ヨーロッパ諸国がアフリカでの植民地経営に乗り出してから、アジアや中南米にも流行が拡大していきました。

　高熱をおこす感染症で、もう一つ重要なのがマラリアです。この病気も蚊に媒介されますが、脳や腎臓の障害を併発することが多く、現代でも治療が遅れると死亡します。マラリアは古くから東南アジアでも流行しており、高山右近の時代のマニラでも多くの患者が発生していました。こうした状況から、彼の死因はマラリアではないかと思います。

●熱病の主役交代

　マニラではその後もマラリアの流行が続きますが、第2次大戦後は急速に減少し、現在では終息しています。その一方、第2次大戦後にマニラで拡大した病気がデング熱でした。

マニラでは戦後、蚊の駆除が徹底的に行なわれ、マラリアを媒介するハマダラカは、マニラ近郊から消えていきました。その一方、デング熱を媒介するネッタイシマカは都市環境に順応し、逆にどんどん増えていったのです。こうした現象はマニラに限らず、東南アジアの都市全体に共通するものでした。

マニラの中心部

ところで、蚊は種類によって吸血する時間帯が異なります。たとえばマラリアを媒介するハマダラカが吸血する時間は夜ですが、デング熱を媒介するネッタイシマカが吸血するのは昼間。この違いは病気を予防するうえで大変に重要です。

マラリアもデング熱も予防法は蚊に刺されないようにすることですが、マラリアを防ぐには夜の蚊対策が、デング熱を防ぐには昼間の蚊対策が必要になるのです。日本人にとって、蚊という昆虫は夜中に周囲を飛び回り、眠りを邪魔する厄介者という印象があります。蚊は夜しか刺さないと思っている人も多いようですが、デング熱予防のためには昼間の蚊の対策が大切なのです。

●**デング熱スポット**

では、具体的にどのような場所が危険なのでしょうか。

まずはゴルフ場があげられます。マニラ市内や近郊には多くのゴルフコースがありますが、樹木が茂り、水場も多く、蚊の棲息にはもってこいの場所です。このような場所では、虫よけの薬を皮膚に塗っておくようにしましょう。

もう一つは工事現場の周辺。工事現場には水たまりができやすく、蚊が大量に発生します。また工事現場で働いている人の中にはデング熱の患者が多く、その周辺で蚊に刺されて感染するのです。東南アジアの他の町でも、同じような環境ではご注意ください。

高山右近の時代、マニラで注意すべき病気はマラリアでした。これには夜の蚊の対策が必要でしたが、現代はデング熱が注意すべき病気。その予防には昼間の対策が必要なのです。

（濱田篤郎）

Q4 マラリアの予防薬は、どのように服用するのでしょうか？

A
マラリアの高度流行地域に滞在する際には、薬剤を定期的に服用する予防方法がとられます。薬剤にはメフロキンやマラロンを用いますが、副作用も発生するため、慎重に実施する必要があります。

解説

マラリアは熱帯や亜熱帯地域で広く流行している感染症で、赤道周囲のアフリカ、南米のアマゾン、南太平洋のパプアニューギニアなどが高度流行地域とされています。マラリアには有効な予防接種がいまのところないため、予防は媒介する蚊に刺されない対策をとります。また、高度流行地域に滞在する際には、薬剤を定期的に服用して予防する方法（予防内服）がとられます。

1. 予防内服を推奨するケース

マラリアの予防内服を推奨するのは、高度流行地域に滞在するケースです。特に滞在期間が1週間以上のケースでは、予防内服をお勧めしています。1週間以内であれば感染リスクが低く、またマラリアの潜伏期間は1週間以上なので、もし感染しても発病は帰国後になるからです。

2. 予防内服に使用する薬剤

マラリアの予防内服に用いる薬剤として、日本ではメフロキンとマラロンが販売されています。

メフロキンは毎週1回、マラロンは毎日1回服用します。出発する前から開始し、流行地を出てからも一定期間の服用が必要です。メフロキンは服用した人の約30％で、めまいや吐き気などの副作用がおこ

りますが、マラロンでは副作用がほとんどみられません。

　いずれの薬剤も医師による処方が必要です。健康保険は適用されず、自費診療になります。

3. 流行地域に長期滞在する場合

　マラリアの予防内服の期間は一般に2～3ヵ月です。それ以上の期間、流行地域に滞在する場合は、蚊に刺されない注意をするとともに、発病した疑いがあれば、滞在先の医療機関で検査を受けることをお勧めします。

　滞在先に信頼できる医療機関がない場合は、マラリアの治療薬を持参し、発病した疑いがあれば自己判断で服用する方法がとられます。これはスタンバイ治療と呼ばれ、治療薬には主にマラロンを用います。

　マラリアが流行する季節は雨季なので、高度流行地域ではこの時期だけ予防内服を行なうという方法もとられています。

4. 子どものマラリア予防内服

　子どもはマラリアに感染すると重症化する可能性があり、十分な予防対策が必要です。日本では予防薬として小児用のマラロンが販売されており、それを使用します。

図表2-4◆マラリアの予防薬

薬剤名	メフロキン（メファキン®）	アトバコン・プログアニル合剤（マラロン®）
服用方法	毎週1回1錠	毎日1回1錠
服用開始	流行地到着1～2週前	流行地到着1～2日前
服用終了	流行地出発後4週間	流行地出発後1週間
主な副作用	嘔気、めまい、ふらつき、不安感など	副作用はほとんどないが、時に嘔気、腹痛など
注意	精神疾患や癲癇があると服用できない	腎臓の病気があると服用できない

コラム　病気の世界地図3

ケニア・ナイロビ～マラリア今昔物語

● **白人のためにつくられた町**

　1985年のアカデミー作品賞に輝いた映画『愛と哀しみの果て』の舞台は、20世紀初頭のケニアです。アフリカの大自然を背景に、農園を経営するデンマーク人女性とイギリス人狩猟家のロマンスが壮大なスケールで描かれています。当時のナイロビの風景も映画の中にたくさん出てきます。

　この町を私が訪れたのは1995年のことでした。空港に到着すると、目の前には雄大なナイロビ国立公園が広がります。草原にシマウマやキリンが群れる光景は、まさに映画でイメージしたアフリカそのものでした。ところが、空港から車でナイロビ市内に入ると様相が変わってきます。そこには高層ビルが林立する近代的な町がありました。映画で描かれた世界と大きく違う景色を前にして、私は時の流れを感じたものです。

　ナイロビは標高1700mにある高原の町で、19世紀末に建設されました。当時、イギリス政府は植民地経営のため、インド洋の港町モンバサから内陸の要衝であるキスムまで鉄道を建設します。この鉄道の中間地点がナイロビでした。当初は列車の車庫だけがありましたが、そこは気候が温暖で水源も豊富だったため、多くの白人が移住してきたのです。まさに白人のためにつくられた町でした。

　しかし、当時の白人たちは、ナイロビからマラリアという病気までを排除することはできませんでした。その結果、この町に滞在する白人はマラリアの予防薬を定期的に服用することが、生きるための必須条件になっていたのです。

● **マラリアの巣窟**

　マラリアはハマダラカという蚊によって媒介される病気で、現在でも熱帯から亜熱帯の広い地域に流行しています。発病すると高熱や黄疸がみられ、治療が遅れると脳や腎臓の障害を併発し、死亡率が大変に高くなります。

ナイロビのケニヤッタ国際会議場

映画『愛と哀しみの果て』にもマラリアのシーンが何回か出てきます。たとえば、主人公の白人女性がナイロビに到着した時のこと。歓迎パーティーで先輩格の白人から「キニーネは飲んでいる？」と聞かれ、「もちろん」と答えています。キニーネとは当時使われていたマラリアの予防薬で、これなしにナイロビで健康に暮らすことはできませんでした。さらに、彼女がナイロビでの生活に慣れてきた頃に、友人の男性がマラリアで死亡する場面が出てきます。黒い尿を出しながら死にゆく姿は、この病気の恐ろしさをよく表現していました。

　第2次大戦後、ケニアはイギリスから独立し、ナイロビは新しい国の首都として発展します。それをさらに加速させるため、ケニア政府はナイロビでマラリア掃討作戦を実行しました。マラリアを媒介するハマダラカの駆除に乗り出したのです。この町が高原に位置し、植民地時代にインフラが整備されていたことが追い風となり、この作戦は見事成功します。そして、1970年代にはナイロビからマラリアが消滅しました。

●ナイロビの一歩外は昔のまま

　このように第2次大戦後のナイロビは、近代的な都市に成長するとともに、マラリアという病気の心配もなくなりましたが、一歩町の外に出ると、そこには昔のままのナイロビが残っています。

　私はナイロビ滞在中に、在留邦人の方の車でナイロビ郊外の視察に行く機会がありました。市内を離れるに従って周囲には広大な草原が広がり、その中にコーヒー農園が点在しています。このあたりに住む人々の家は粗末なつくりで、まさに『愛と哀しみの果て』に登場するような光景が車窓に広がっていました。そして、ここまで来ると、いまでもマラリアが流行しています。

　ナイロビ郊外には日本人観光客が訪れる自然公園もありますが、そこもマラリアのリスクがあるため、滞在する際には十分なマラリア予防が必要です。虫よけの薬や蚊取り線香などを用いて蚊に刺されないようにすること。さらに最近は、予防薬としてマラロン®という薬が販売されており、感染リスクが高い場合には、この薬の服用もお勧めしています。

●夜のナイロビを支配する悪魔

　車で市内に戻ると、すでに真っ暗になっていました。

　あたりに街灯は少なく、道を歩いている人もほとんどいません。ナイロビでは、1990年代以降に地方から多くの若者が流入し、スラム街が形成されるようになりました。その結果、この町の治安は極度に悪化していったのです。

　「昔、この町の夜を支配していたのはマラリアでしたが、いまは強盗団に代わっています」

　在留邦人の方の説明に、私はなるほどと思いました。

（濱田篤郎）

Q5 海外で動物に咬まれた時の注意点を教えてください

A

海外では狂犬病が流行しているため、イヌなどの哺乳動物には近づかないようにしましょう。もし咬まれてしまった時は大至急、医療機関を受診しワクチン接種を受けてください。熱帯などでは毒蛇に咬まれた時の応急処置も覚えておきましょう。

解説

海外の多くの国では狂犬病が流行しています。この病気はイヌなどの哺乳動物に咬まれて感染するもので、発病すると致死率が100％に達します。このため、海外では動物に接しないように注意することが大切です。

注意する動物はイヌだけでなく、ネコやサルなどすべての哺乳動物があてはまります。また、飼っている動物も狂犬病のリスクがあるので、注意してください。咬まれてしまった時は大至急、狂犬病の発病を防ぐための処置が必要になります。

1. 傷口の処置

ただちに傷口を水と石鹸でよく洗ってください。健常な皮膚を動物に舐められただけなら心配いりませんが、粘膜や傷口を舐められた場合は狂犬病のリスクがあるので、同様によく洗ってください。

2. ワクチン接種

傷口をよく洗浄したうえで、滞在先の医療機関を早急に受診して、狂犬病ワクチンの接種を受けましょう。動物に咬まれたあとにワクチン接種を受けても狂犬病は予防できます。日本製の狂犬病ワクチンは、咬まれたあとに6回接種する方法をとりますが、海外製のワクチ

ンの接種回数は5回になります。なお、事前にワクチン接種を受けている場合は、咬まれたあとの接種回数を2回に減らすことができます（図表2-5）。

　傷が深い場合は、狂犬病ワクチンの接種とともに免疫グロブリン投与を行ないます。特に、顔のように脳に近い場所を咬まれた時は、発病までの時間が短いため、この方法が必要です。また、破傷風を予防するためのワクチンを接種する場合もあります。

3. 蛇に咬まれた場合

　蛇に咬まれた際も迅速な対応が必要です。有毒の蛇は熱帯や亜熱帯に多く、通常は標高2500m以下に棲息しています。夜間に活動性が増すため、棲息地域で夜間に出歩く際には特に注意が必要です。咬まれた部位は壊死や出血をおこし、ショック状態になることもあります。また、コブラなど一部の蛇は神経毒をもち、咬まれたあとで全身の麻痺をおこします。

　蛇に咬まれた場合は咬まれた部位を水などでよく洗い、包帯で強く固定してから、ただちに医療機関を受診してください。四肢の付け根に止血帯を巻いたり、傷から毒を吸い取る方法は推奨していません。蛇の種類によっては抗毒素が有効なので、咬まれた蛇の外観を覚えておきましょう。

図表2-5 ◆動物に咬まれたあとの狂犬病ワクチンの接種方法（WHOの推奨による方法）

事前のワクチン接種	接種方法
なし	狂犬病ワクチンを5回筋注＊（0日、3日、7日、14日、28日）
	抗狂犬病免疫グロブリンの接種（傷が深い場合など）
あり	狂犬病ワクチンを2回筋注（0日、3日）

＊日本製のワクチンを使用する場合は6回接種（0日、3日、7日、14日、28日、90日）

Q6 最近、世界的に流行している感染症の状況を教えてください

A
最近は新しい感染症としてSARS、エボラ熱、MERS、鳥インフルエンザ、ジカ熱などが流行しています。海外滞在中も各感染症の最新情報を入手するようにしましょう。

解説

2000年代以降、世界各地で新しい感染症が流行しています。海外滞在中に、こうした感染症にかかるリスクは高くありませんが、最新の流行情報を厚生労働省検疫所のホームページなどから入手し、日頃から予防を心がけてください。代表的な感染症は以下のとおりです。

1. 重症急性呼吸器症候群（SARS）

2003年に中国から世界中に流行が拡大した感染症です。重症の肺炎をおこし致死率は10％近くに達します。原因となるSARSウイルスはコウモリが保有しており、そのコウモリに接触した動物を介して人が感染するようです。患者からは飛沫感染で周囲の人に流行が拡大します。2003年以降、大きな流行はみられていません。

2. エボラ熱

1970年代にアフリカの奥地で発見されたウイルス疾患です。その後、小さな流行が散発していましたが、2014年に西アフリカで大流行しました。この病気は発熱とともに激しい下痢や嘔吐をおこし、ショック状態になります。また出血症状をおこすこともあります。

この病気のウイルスもコウモリが保有しており、それに接触した人が感染します。また、患者の体液や排泄物から周囲に流行が拡大することが明らかになっています。

なお、西アフリカでの流行は2015年末にほぼ終息しました。

3. 中東呼吸器症候群（MERS）

2012年頃から中東を中心に流行している呼吸器感染症で、SARSと近縁のウイルスでおこります。ウイルスはラクダが保有しており、ラクダに接触すると感染します。発病すると重症の肺炎をおこしますが、SARSとは異なり患者から周囲に拡大することは少ないようです。2015年に韓国でも流行し180人以上の患者が発生しました。

4. 鳥インフルエンザ

アジアや中東で流行しているウイルス感染症です。もともとニワトリの間で流行していたもので、人にも感染し、重症の肺炎をおこします。2000年代にはH5N1型ウイルス、2013年からは中国でH7N9型ウイルスの流行がみられています。流行地域では生きたニワトリが販売されている市場などに立ち入らないようにしましょう。

5. ジカ熱

2015年から中南米などで流行がおきているウイルス疾患で、蚊が媒介します。感染すると発熱や発疹がみられるとともに、妊婦が感染すると胎児に小頭症という奇形を生じる可能性があります。妊娠中の女性は流行地域への滞在をひかえるようにしましょう。

図表 2-6 ◆最近の感染症の流行状況

感染症	流行状況	症状	感染経路
SARS	2003年に中国から世界的流行	重症の肺炎	患者から飛沫感染
エボラ熱	2014年に西アフリカで大流行	発熱、下痢、嘔吐、出血	患者の体液などから感染
MERS	2012年から中東で流行拡大 2015年に韓国で180人以上の患者発生	重症の肺炎	ラクダから感染 患者から飛沫感染
鳥インフルエンザ	2000年代からアジア、中東で流行拡大 2013年から中国で新ウイルスが流行	重症の肺炎	ニワトリから感染
ジカ熱	2015年から中南米で大流行 2016年にはアジアでも患者が発生	発熱、発疹、胎児の障害	蚊が媒介 性行為感染

コラム　病気の世界地図4

リベリア・モンロビア〜エボラ熱爆発のメカニズム

● **なぜ大流行になったのか**

　2014年、西アフリカ（ギニア、リベリア、シエラレオネ）でエボラ熱の大流行がおこりました。エボラ熱はウイルスによっておこる病気で、アフリカで1976年に初めて流行が確認されました。それ以来、アフリカ中央部のジャングル地帯で流行が散発していましたが、今回のように大流行をおこすことはありませんでした。

　では、なぜ今回のような大流行がおきたのか。私は1980年代に流行国の一つであるリベリアの首都モンロビアを訪問したことがあります。これは寄生虫病の調査のためでしたが、その時の経験から大流行のメカニズムを解明してみましょう。

● **モンロビアの天国と地獄**

　私が研究のため滞在したのはモンロビア郊外のゴム農園でした。この国は1847年の独立以来、アメリカの経済支援を受けており、この農園もアメリカの会社が所有するものでした。農園内にはアメリカ本土と同様の従業員の住居が立ち並び、従業員専用の病院も建てられていました。

　研究の合間に町へ買い物に出かけることもありましたが、そこには本来のリベリアの姿がありました。粗末な家が立ち並び、路上で生活している人も数多くいます。まさに天国と地獄を見るような思いでした。

　この訪問から5年後、リベリアで内戦がおこります。親米派が排除され、部族間の紛争が勃発したのです。内戦は2003年まで続きましたが、この間に約25万人が死亡したそうです。そんな国土が荒廃した状況下にエボラ熱の流行がおきました。

● **流行の発端**

　今回、西アフリカでおきた流行の最初の患者は、ギニアのゲケドゥという町で発生しました。この流行がギニア国内だけでなく、隣国のリベリアとシエラレオネにも波及したのです。

　ゲケドゥはリベリアとシエラレオネの国境近くに位置しています。この町は商業の中心地であるとともに、リベリア内戦中には多くの難民が押し寄せて人口が急増しました。その影響で、いまもゲケドゥ周辺では国境を越えて移動する人が数多くいます。そんな人の行き来が、エボラ熱の流行を拡大させていきました。

　いままでエボラ熱の流行が散発していたアフリカ中央部はジャングルで、交通網があまり発達せず、流行が拡大しにくい環境でした。その一方、今回流行が発生した西アフリカの国々は草原地帯に位置し、住民の行き来が頻繁にみられたのです。

●エボラロード

私がリベリアに滞在していた時、モンロビアから国境付近の町まで車で往復したことがあります。その町にある病院に顕微鏡を借りに行ったのですが、約200キロの道のりを一日で往復することができました。道路を走る車の数は多く、乗り合いバスも走っていました。

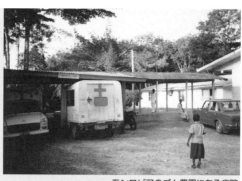

モンロビアのゴム農園にある病院

こうした交通網はリベリアだけでなくギニアやシエラレオネでも整備されており、それが3ヵ国の間で人の移動を活発にしていきました。そして、この整備された交通網を介してエボラ熱の患者が移動し、流行が拡大していったのです。まさにエボラロードと言ってもいいでしょう。これが西アフリカで大流行を招いた第一の原因です。

さらに、エボラ熱が蔓延したリベリアは内戦からの復興途上にあり、医療は崩壊したままでした。流行が始まった当初、患者は家で家族による看護を受け、そのために家族内に感染が拡大するという事態がおきました。このように内戦による医療の崩壊が、大流行の第二の原因になったのです。

●病気の正体が明らかになった

今回、西アフリカで多くのエボラ熱の患者が発生したことにより、この病気の実態が明らかになってきました。まず患者は発熱とともに発病しますが、1週間ほどすると大量の下痢や嘔吐をおこします。この下痢により体液が急速に失われるため、患者はショック状態に陥り、死亡するのです。

こうした病気の実態が明らかになったことで、治療法もわかってきました。すなわち下痢が始まったら大量の輸液をして、ショック状態に陥るのを防ぐのです。また、感染経路も解明されています。原因となるウイルスは患者の下痢や吐物などの排泄物に潜んでおり、これに接触して感染がおこります。患者の排泄物に接触しないような対策をとれば、感染の連鎖は止められるのです。このような対策がとられるようになってから、西アフリカでの流行は鎮静化に向かい、WHOは2016年6月に流行終息を宣言したのです。

（濱田篤郎）

第3章
予防接種

Q1 なぜ、海外渡航者に予防接種を推奨するのですか？

A

海外に滞在中は感染症にかかるリスクが国内での生活よりも高くなります。このため、海外渡航者には予防接種をお勧めしています。予防接種の種類によっては百パーセント効くわけではないので、効果が低い場合は生活面での注意も同時に行なってください。

解説

1. 予防接種とは

予防接種とはワクチンを接種して病原体への免疫を獲得する方法です。ワクチンには生ワクチンと不活化ワクチンの2種類があります（図表3-1）。

生ワクチンは病原体を弱らせたもので、これを接種すると感染がおこりますが、間もなく病原体は死滅するので発病はせず、免疫だけがつきます。感染が実際におこるため、1回の接種で強い免疫を得ることができます。黄熱ワクチンや麻疹ワクチンなどがこの種類です。なお、生ワクチンは免疫機能が低下している人や妊娠中の人には接種できません。

不活化ワクチンは病原体の死骸や成分を用いたワクチンです。病原体は生きていないので実際の感染はおこりませんが、あまり強い免疫は得られず、通常は数回の接種が必要になります。また、ワクチンの効果はしだいに弱くなることから、数年ごとに接種を繰り返す必要があります。A型肝炎ワクチンやB型肝炎ワクチンが該当します。

2. 海外での感染症のリスク

予防接種の目的は感染症を防ぐことにあります。第2章で紹介した

ように、海外では感染症にかかるリスクが高くなるため、出国前の予防接種をお勧めしています。特に途上国では衛生環境の問題などにより感染症にかかるリスクが高く、推奨する予防接種の数も多くなります。

すべての感染症に対して予防接種があるわけではありませんが、海外でかかりやすい感染症を防ぐことのできる予防接種は数多くあります。各ワクチンの詳細は図表3-2を参照ください。

3. 予防接種の効果

予防接種の効果は、感染症の種類によって異なります。たとえば、A型肝炎ワクチンや破傷風トキソイドは接種を受けていれば、ほぼ完全にその感染症を防ぐことができます。B型肝炎ワクチンの効果は90％前後とされています。また最近、開発されたデング熱ワクチンの効果は60％前後です。

このように感染症の種類によって予防接種の効果が異なるため、効果が低い場合は、たとえ予防接種を受けていても、生活面での注意も

図表3-1◆ワクチンの種類

	生ワクチン	不活化ワクチン
日本で承認	麻疹ワクチン、風疹ワクチン、MRワクチン、流行性耳下腺炎ワクチン、水痘ワクチン、BCG、ロタウイルスワクチン、黄熱ワクチン	A型肝炎ワクチン、B型肝炎ワクチン、破傷風トキソイド、ジフテリアトキソイド、百日咳ワクチン、DPT-IPVワクチン、狂犬病ワクチン、日本脳炎ワクチン、ポリオワクチン、髄膜炎菌ワクチン、インフルエンザワクチン、肺炎球菌ワクチン、インフルエンザ菌b型ワクチン、ヒトパピローマウイルスワクチン
日本で未承認*	腸チフスワクチン、デング熱ワクチン	腸チフスワクチン、コレラワクチン、ダニ媒介性脳炎ワクチン

*渡航者を対象に接種する未承認ワクチン

欠かさないようにしてください。

4. どこで接種を受けるか

　海外渡航者向けの予防接種を実施している医療機関は、あまり多くありません。まずはトラベルクリニックを探してみてください。トラベルクリニックとは海外渡航者の診療を主に行なっている医療機関で、日本渡航医学会や厚生労働省検疫所のホームページ（19頁掲載の図表1-4参照）などに所在地が掲載されています。最近は都市部を中心にその数が増えています。また、かかりつけの医療機関がある場合は、そこで予防接種が受けられるかを聞いてみるのもいいでしょう。

　なお、黄熱ワクチンの接種は検疫所かその関連施設に限られています。予約制をとっている場合が多いので、あらかじめお問い合わせください。

図表 3-2 ◆各ワクチンの解説

1. 破傷風トキソイド

　破傷風の病原体は土の中に潜んでおり、大きなケガをすると傷口から侵入します。発病すると痙攣などをおこし、死亡することの多い病気です。日本で生活していれば、ケガをしてから医療機関を受診し、ワクチンの接種を受けることもできますが、海外で生活していると医療機関を気軽には利用できないため、国内よりも発病のリスクが高くなります。そのため、海外で生活する人には出国前に破傷風の予防接種をお勧めしています。

2. A型肝炎ワクチン

　A型肝炎は経口感染する病気で、日本人が好む海産魚介類から感染するケースが多くみられます。日本では近年になり患者数が減少しましたが、途上国では日常的に患者が発生しています。死亡することはめったにありませんが、1ヵ月近い入院生活を強いられます。このため、途上国に滞在する人にはワクチンの接種をお勧めしています。

3. B型肝炎ワクチン

　B型肝炎は性行為により感染します。また医療行為を受けた際に、注射針や輸血などから感染することもあります。途上国全域で広く蔓延していますが、特に中国や東南アジアは高度流行地域です。発病すると長期の入院を強いられるだけでなく、一部は劇症型となり、死亡することもあります。途上国に滞在する場合は、ワクチン接種を受けておくと安心です。

4. 狂犬病ワクチン

　狂犬病は日本では根絶されましたが、海外では先進国、途上国いずれでも流行が続いています。特にインドやフィリピンなどの途上国では、多くの患者が発生しています。この病気はイヌやネコなどの動物に咬まれて感染しますが、発病すると100％死亡する恐ろしい病気です。このため、高度流行地域に滞在する場合や、信頼できる医療施設がない場所に滞在する人にワクチン接種をお勧めしています。なお、咬まれてもすぐにワクチン接種を受ければ、発病を防げます。

5. 日本脳炎ワクチン

　日本脳炎は中国、東南アジア、南アジアで流行しています。蚊に媒介される病気で、発病すると意識障害や麻痺をおこし、死亡したり後遺症を残すことも少なくありません。しかし、日本人が滞在することの多い都市部ではまれな病気で、農村地帯が主な流行地域になっています。もし農村地帯に立ち入る機会があるならば、ワクチンの接種を受けてください。

6. 黄熱ワクチン

　黄熱は熱帯アフリカや南米で流行しています。通常はジャングルの中で流行していますが、時々、都市周辺にも流行が波及することがあります。この病気は発病すると死亡率が高いことから、流行国に滞在する際には、たとえ短期の滞在であってもワクチン接種を推奨しています。また、流行国の中には入国時に接種証明書の提出を要求することがあります。

7. ポリオワクチン

　南アジアやアフリカでは、いまもポリオ患者の発生がみられます。飲食物から感染し、麻痺をおこす病気です。日本では小児期にポリオワクチンを接種しますが、流行地域に滞在する際には追加接種（1回）を受けておくと安心です。特に1975〜1977年生まれの人は、小児期に接種したワクチンの効果が弱いとされており、追加接種をお勧めしています。

8. 髄膜炎菌ワクチン

　髄膜炎菌感染症は咳などで飛沫感染する病気です。菌血症や髄膜炎など重篤な症状をおこすことがあります。赤道周辺のアフリカ諸国をはじめ、先進国でも散発的に発生することがあります。このため、髄膜炎菌ワクチンの接種は、赤道周辺のアフリカなど流行地へ渡航する人、アメリカ等の留学先でワクチン接種を要求されている人にお勧めしています。

9. 腸チフスワクチン

　腸チフスは飲食物からかかる感染症で、南アジアやアフリカでは感染のリスクが高くなります。発病すると高熱が出ますが、抗菌薬で治療可能です。日本では腸チフスワクチンが未承認のため、積極的なワクチン接種が勧められていませんが、流行地域に滞在する場合は、受けておくと安心です。日本国内でも医師の個人輸入によりワクチンの入手が可能になっており、接種施設が少しずつ増えています。

Q2 海外渡航者向けのワクチンはどのように選んだらいいですか？

A

海外渡航者に推奨するワクチンは、滞在期間（短期か長期か）、滞在地域（先進国か途上国か）、現地での行動などの情報を参考に選びます。感染症にかかるリスクが高くなる途上国の長期滞在者は、推奨ワクチンもそれだけ多くなります。

解説

海外渡航者にどのワクチンを接種するかは、滞在期間、滞在地域、現地での行動などの情報をもとに決めます。また、渡航者の年齢によっても推奨ワクチンの種類が異なりますが、ここでは大人（16歳以上）を中心に解説します。お子さんについては第7章を参照ください。

1. 滞在期間

短期と長期に分けて考えます。短期とは、旅行や出張で海外に滞在する場合で、滞在期間が約1ヵ月未満の人です。1ヵ月以上の滞在は長期滞在者として扱います。短期間の海外滞在であれば感染症のリスクは低いものの、滞在期間が長期になるほどリスクが高まるため、接種を推奨するワクチンの種類も多くなります。なお、短期の出張を何回も繰り返す場合は、長期滞在者に準じた接種をお勧めしています。

2. 滞在地域

滞在地域は先進国と途上国の2つに分けて考えます。北米や西欧といった先進国は、衛生状況が日本と同様なため、接種を推奨するワクチンはそれほど多くありません。一方、途上国は衛生環境や気候の面で感染症のリスクが高く、それだけ推奨ワクチンも多くなります。滞在地域別の選び方は本章Q3を参照ください。

3. 現地での行動

現地での行動によっても選ぶワクチンは違ってきます。たとえば、途上国でも衛生状態の悪い地域に滞在する場合は、ポリオワクチンの接種を推奨します。医療関係の仕事に従事する場合は、B型肝炎ワクチンが欠かせません。動物と接触する頻度が高いケースでは、狂犬病ワクチンの接種を特にお勧めしています。

4. 渡航者の年齢

渡航者の年齢を考慮するワクチンもあります。A型肝炎は1945年以前に生まれた人はすでに免疫をもっている可能性が高いので、一般には1945年以降に生まれた人を対象に接種します。麻疹や風疹は、1975〜1990年生まれの世代で免疫が弱いとされており、この世代の人が途上国に滞在する場合はワクチン接種を推奨しています。また、1975〜1977年に生まれた人は、小児期に受けたポリオワクチンの効果が弱いため、海外渡航前に追加接種をお勧めしています。

図表3-3◆ワクチン選択の目安

ワクチン名	滞在期間* 短期	滞在期間* 長期	主に対象となる滞在地域	特に推奨するケース
A型肝炎	○	○	途上国全域	1945年以降に生まれた人
B型肝炎		○	アジア、アフリカなど	医療従事者
破傷風	△	○	全世界	野外活動を行なう者
狂犬病	△	○	途上国全域	咬傷後、速やかな処置が受けられない地域の滞在者
日本脳炎		△	中国、東南・南アジア	農村地帯に滞在する者
ポリオ		△	南アジア、アフリカ	1975〜1977年生まれの者
インフルエンザ	△	△	全世界	呼吸器疾患を有する者
髄膜炎菌	△	△	赤道周辺のアフリカ、中東	乾季に滞在する者（先進国の学校に留学する際も接種を要求されることがある）
黄熱	○	○	熱帯アフリカ、南米	接種証明書の提出を要求する国に入国する者

＊短期とは、1ヵ月未満の滞在
注：○は推奨、△は状況により推奨

Q3 滞在地域別に推奨するワクチンを教えてください

A

先進国に滞在する場合は破傷風のワクチン接種を推奨します。途上国では一般にＡ型肝炎、Ｂ型肝炎、破傷風、狂犬病のワクチンがお勧めです。これ以外にも地域によって推奨するワクチンがあるので、感染症の流行状況に応じて接種を受けてください。

解説

長期滞在者に推奨するワクチンを先進国と途上国に分けて解説します。先進国は北米、西欧、オーストラリアなどの国々、途上国はそれ以外の国々です。

1. 先進国

先進国の滞在では、感染症にかかるリスクはあまり高くありませんが、破傷風に関しては国内よりも発病のリスクが高くなります。破傷風は傷口から感染する病気で、日本国内であれば傷を負ったあとに接種を受ければ予防ができますが、海外で生活していると医療機関を簡単に利用できないため、出国前の接種をお勧めしています。

また、中欧、東欧、ロシアではダニ媒介性脳炎が流行しており、森に立ち入るなど、ダニに刺されやすい行動が予想される場合には、ワクチン接種を推奨しています。

2. 途上国

途上国に長期滞在する場合は、いずれの地域でもＡ型肝炎、Ｂ型肝炎、狂犬病のワクチン接種を推奨しています。Ａ型肝炎は経口感染、Ｂ型肝炎は性行為や医療行為により感染する感染症です。イヌなどの動物に咬まれて感染する狂犬病は、途上国で広く流行しています。ま

た、破傷風のワクチンも、途上国の長期滞在者に接種をお勧めします。

　さらに、地域によって推奨するワクチンがあります。たとえば、中国、東南アジア、南アジアでは日本脳炎ワクチン、アフリカや南米では黄熱ワクチン、南アジアでは腸チフスワクチン、また、アフリカの赤道周辺地域に滞在する場合は髄膜炎菌ワクチンの接種を推奨します。

　なお、途上国では滞在するのが都市か郊外かによっても推奨するワクチンが異なります。都市は比較的、衛生環境が整っており、一定レベルの医療機関を見つけることもできますが、郊外では衛生状態も悪く、信頼できる医療機関がないことが多いようです。このため、郊外に滞在する場合は、A型肝炎、B型肝炎、狂犬病、破傷風のワクチン接種を、特にお勧めしています。

図表 3-4 ◆ 地域別に推奨するワクチン（詳細は第 9 章の地域別情報を参照）

	短期出張者*		長期滞在者							
	A型肝炎	黄熱	A型肝炎	B型肝炎	破傷風	狂犬病	黄熱	日本脳炎	ポリオ	その他
東アジア （中国、韓国など）	○		○	○	○	○		○		
東南アジア （タイ、ベトナムなど）	○		○	○	○	○		○		
南アジア （インドなど）	○		○	○	○	○		○	○	腸チフス
中東 （サウジアラビアなど）	○		○	○	○	○				髄膜炎菌
アフリカ （ケニアなど）	○	○**	○	○	○	○	○**		○	髄膜炎菌
東ヨーロッパ （ロシアなど）	○		○	○	○					
西ヨーロッパ （イギリス、フランスなど）					○					
北アメリカ （アメリカ、カナダなど）					○					
中央アメリカ （メキシコなど）	○		○	○	○	○				
南アメリカ （ブラジルなど）	○	○**	○	○	○	○	○**			
南太平洋 （グアム、サモアなど）	○		○	○	○	○***				
オセアニア （オーストラリアなど）					○					

*短期出張者とは、滞在期間が 1 ヵ月未満の者
**黄熱は赤道周辺地域に滞在する場合
***南太平洋の狂犬病は島により判断する

Q4 予防接種を受ける際のスケジュールを教えてください

A

ワクチンによっては複数回の接種が必要なものがあるため、出国する1ヵ月以上前には医療機関を受診し、接種を開始しましょう。出国前に接種を終了するためには、複数のワクチンの同時接種を行なうこともあります。また、ワクチン接種を受けたあとは次のワクチン接種まで一定の間隔をあけなければなりません。

解説

ワクチンによっては複数回の接種が必要なものもあります。また、海外赴任前は引っ越しの準備などで大変忙しくなり、その合間に予防接種を受けることになるので、出国する1ヵ月前には予防接種を開始してください。

1. ワクチンの接種回数

予防接種のうち黄熱ワクチンなどの生ワクチンは1回の接種で強い免疫が得られます。しかし、渡航者向けワクチンの大部分を占める不活化ワクチンは、十分な免疫を得るために複数回の接種が必要です。図表3-5は各ワクチンの接種回数です。

複数回の接種が必要なワクチンについては、出国までに少なくとも2回目まで終了しておきましょう。そのためには、遅くとも出国の1ヵ月前には医療機関を受診することが必要です。長期の滞在でしたら、とりあえず2回目まで接種し、3回目は現地あるいは一時帰国の際に受けるといった方法をとります。

なお、予防接種の有効期間はワクチンによって異なります。生ワクチンはかなり長期になりますが、不活化ワクチンの有効期間は一般に

10年以内です。有効期間が終わる前に、追加接種を1回受ければ、最初の接種と同じ期間が有効になります。

2. ワクチンの同時接種

　出国前はあまり時間がないため、欧米では複数のワクチンを同じ日に同時接種することが日常的に行なわれています。その安全性や有効性は、単独接種と比べて有意な差はないという報告がみられます。日本の予防接種ガイドラインでも、複数の予防接種について「あらかじめ混合されていない2種類以上のワクチンについて、医師が必要と認めた場合には同時に接種を行なうことができる」と記載されています。同時接種を行なうかどうかは、医師と相談のうえ、決めてください。

3. ワクチンの接種間隔

　ワクチンを接種すると次のワクチンの接種までに一定の間隔が必要になります。生ワクチンでは1ヵ月、不活化ワクチンの場合は1週間です。このため、生ワクチンの接種は一番最後に受けるとよいでしょう。

図表3-5◆ワクチンの接種回数と有効期間（成人の場合）

ワクチン名	接種回数	およそa接種間隔 2回目	3回目	有効期間の目安
A型肝炎	3回	2〜4週	6〜12ヵ月	約10年
B型肝炎	3回	4週	6〜12ヵ月	約10年
破傷風*	3回	3〜8週	6ヵ月以降	約10年
狂犬病**	3回	4週	6〜12ヵ月	2〜5年
日本脳炎***	3回	1〜4週	12ヵ月	4〜5年
ポリオ***	3回	4〜8週	6〜12ヵ月	約10年
髄膜炎菌	1回	―	―	3〜5年
黄熱	1回	―	―	生涯有効
腸チフス（注射用）	1回	―	―	3年

* 破傷風トキソイド：1969年以降に生まれた人はすでに小児期に接種を受けていることが多く　その場合は1回の追加接種のみ行なう
** 狂犬病ワクチン：海外製のワクチンは2回目を7日後、3回目を21〜28日後に接種する
*** 日本脳炎ワクチン、ポリオワクチン：成人の場合、通常は1回の追加接種を行なう

4．出国まで時間がない場合

　出国まであまり時間がない場合は、現地での接種を検討してください。不活化ワクチンの多くは2回目まで終了しないと効果が出ませんが、出国前に1回目だけ接種し、2回目は現地で接種することを希望する人がいます。こうした人には現地で1回目から接種することをお勧めしています。現地で接種が受けられる医療機関については、外務省や海外邦人医療基金のホームページ（19頁掲載の図表1-4）などを参照ください。

Q5 予防接種の副作用や接種後の注意点を教えてください

A

接種後は激しい運動や飲酒はひかえましょう。予防接種を受けると接種部位の腫れや痛みといった軽い副作用は数パーセントにおこりますが、重篤な副作用は大変にまれです。なお、妊娠中や卵アレルギーがある場合は、接種できないワクチンがあるので、医師に相談してください。

解説

1. 予防接種の副作用

通常の医薬品と同様、予防接種にも副作用はあります。しかし、その頻度は通常、数パーセントであり、その多くが接種部位の腫れや痛みといった軽い症状です。ショック症状や痙攣など重篤な副作用は大変にまれです。腫れや痛みが強い場合は、その部分を冷やしたり、安静にすることで改善することが多いようです。ただし、アレルギー体質であったり、過去に予防接種で重篤な副作用をおこした人は、事前にその旨を医師にご相談ください。

なお、過去に採血などで気分が悪くなったことがある人も、事前に申し出てください。このような人は、ベッドに横になって接種を受けるといいでしょう。

2. 接種後の注意

接種部位の腫れや痛みといった副作用は、血流がよくなるとおこりやすくなります。接種当日の入浴は特に問題ありませんが、激しい運動や飲酒はひかえましょう。また、接種を受けた部位をもんだり、こすったりはしないようにしてください。

3. 妊娠と予防接種

　妊娠中は黄熱ワクチンなどの生ワクチンを接種できません。これは胎児の健康に影響を及ぼす可能性があるからです。また、生ワクチンの接種を受けた場合、2ヵ月間は妊娠をひかえてください。

　不活化ワクチンは妊娠中に接種しても大きな問題はありませんが、感染症にかかるリスクが高い場合を除いて、念のために接種を避けるほうがいいでしょう。出産後に接種を受けることをお勧めします。

4. 卵アレルギーと予防接種

　ワクチンの中には卵成分を含むものがあります。代表的なのは、黄熱ワクチンやインフルエンザワクチンなどです。卵アレルギーがある人は、こうしたワクチンを受ける際に医師とご相談ください。過去に卵アレルギーがあっても、現在は食べているという状態ならば、接種を受けてもあまり問題はありません。

第4章
医療機関の利用方法

Q1 海外の医療機関を利用する際には、どのような不便がありますか？

A
　海外の医療機関を利用すると、さまざまな点で不便さを感じます。代表的なものとして、「医療費が高い」「医療レベルが低い」「医療システムがわかりにくい」「言葉が通じない」などがあげられます。

解説

　海外で医療機関を利用した経験のある人に、受診の際に不便に感じた点を聴取したところ、「医療費が高い」「医療レベルが低い」「医療システムがわかりにくい」「言葉が通じない」などの問題があげられました。それぞれの問題点を以下に解説します。

1. 医療費の問題

　日本では健康保険により医療費が3割負担になりますが、海外の医療機関は受診者に全額請求するため、医療費が高いと感じる人が多いようです。また欧米諸国などでは医療費そのものが日本より高めに設定されています。さらに、どの国であっても高度医療を受けると、高額の医療費が請求されます。こうした状況から、海外で安心して医療を受けるためには、何らかの医療保険に加入し、それによって医療費を支払うことが必要です。医療費の支払い方法は本章Q6で紹介します。

2. 医療レベルの問題

　先進国の医療機関で医療レベルの問題はあまりありませんが、途上国には医師のレベルや医療機器の状態などに問題のある医療機関が数多く存在します。特に公立の医療機関は医療レベルやサービスの面から、日本人の受診には適しません。一方で、途上国でも日本人が滞在する都市部には、外国人向けの民間の医療機関が少なからず存在し、

医療費は少々高額になりますが、一定レベルの医療を受けることが可能になっています。こうした医療機関を事前にインターネットで調べておくと、医療レベルの問題を解決することができます。

3. 医療システムの問題

日本の医療は世界的にみても特殊なシステムといわれています。そのため、海外で体験する医療システムが使いにくいと感じる日本人は多いようです。そこで海外の医療システムについて事前に情報入手しておくことをお勧めします。詳しくは本章Q2を参照ください。

4. 言葉の問題

最近は海外にも日本語の通じる医療機関が増えてきましたが、どの国にもあるわけではありません。日本語が通じない場合は、滞在する国の言葉や英語などで会話をすることになりますが、医療機関での会話は特殊用語が多く、滞在する国の言葉を流暢に話せる人でも、なかなか上手に通じないことが多いようです。また、体調が悪い時に医師と上手にコミュニケーションをとるのは、大変にむずかしいことです。こうした問題を解決するための会話法は本章Q3で紹介します。

図表 4-1 ◆海外の医療機関で不便な点

	実情	対処法
医療費が高い	・医療機関から全額を請求される（日本では3割負担） ・欧米諸国では医療費が日本より高額に設定 ・どの国でも高度医療を受けると高い医療費を請求	・医療保険に加入して医療費を支払う（本章Q6）
医療レベルが低い	・途上国には医療レベルの低い医療機関がある ・特に公立の医療機関は要注意	・インターネットなどで医療機関情報を入手しておく（第1章Q4）
医療システムがわからない	・海外の医療システムは日本と大きく違う	・海外の医療システムを知る（本章Q2）
言葉が通じない	・日本語が通じる医療機関は少ない	・日本語が通じる医療機関を選ぶ（第1章Q4） ・受診時の上手な会話法を知る（本章Q3）

Q2 海外と日本の医療システムはどこが違いますか？

A 海外の医療システムには日本と異なる点がいくつかあります。これには医師のシステム、病院のシステム、医療費のシステムなどがあげられます。

解説

　海外と日本の医療システムの違いを理解するうえで、まず知っておきたいのが医療への考え方の違いです。日本では、「医は仁術」という思想のもとに医療が発展しており、医療従事者もその思想に沿った診療を行なっています。一方、海外では「医は算術」との考え方が基本的にあり、医療システムもそれにもとづいてつくられています。また、医療が福祉事業の延長線上にある日本に対して、海外では営利事業として行なわれている状況です。このような違いを知っておくと、医療システムの違いが理解しやすくなります。

　それでは具体的にどのような違いがあるかを紹介しましょう。

1. 医師のシステム

　海外の医師は一般医と専門医に大きく分けられます。一般医とはすべての健康問題に対応してくれる医師で、内科はもちろんのこと小児科、外科、産婦人科などの知識を有しています。このような医師は日本にはほとんどいません。一方、専門医とは特定の分野の診療を行なう医師で、日本の医師の大多数はこちらに属します。

　海外では一般医をホームドクターにして日頃の診察を受けます。もし一般医では対応できないような病気であれば、専門医に紹介してもらうというシステムです。最初から専門医を受診することもできます

が、一般医にかかっておけば全身を診察してもらえます。また、健康診断や予防接種といった健康管理も一般医が提供してくれます。

2. 病院のシステム

日本の病院で働いている医師のほとんどは病院の職員ですが、海外の病院の医師は、病院の職員でないことがあります。外部の医師が病院の診察室を借りて診療しているためで、これをオープンシステムと呼んでいます。これに対して、日本のシステムはクローズドシステムと呼ばれます。

オープンシステムでは、患者は病院の会計で施設使用料や検査代金を支払うのに加えて、医師に直接、診察料を支払うことになります。また、初診の際に、受付で「どの医師にかかりたいですか」と尋ねられます。これは医師が病院の職員ではないためです。オープンシステムでは医師を自分で選ぶのが原則になっています。

3. 医療費のシステム

日本では健康保険制度により医療費はどの施設でも均一ですが、海外では自由診療になるため、医療費は施設によって異なります。医師の診察料にも違いがあり、有名な医師にかかると高額な診察料を請求されることがあります。また、医療機関によっては、加入している医療保険の種類によって受診できないことがあります。事前に医療費支払いのシステムを確認してから受診しましょう。

図表 4-2 ◆日本と海外の医療システムの違い

	日本	海外
医療への考え方	医は仁術（福祉事業）	医は算術（営利事業）
医師の種類	専門医のみ	一般医と専門医
病院のシステム	クローズドシステム	オープンシステム
医療費のシステム	保険診療	自由診療

コラム　病気の世界地図5

スリランカ・コロンボ～海外での医師の選び方

●内戦下の講演会

　1999年にスリランカのコロンボを訪れた時のことです。当時、この国では内戦が勃発しており、コロンボ市内は自動小銃を構えた多くの兵士が警備をしていました。そんな危険な状況にもかかわらず訪問したのは、コロンボ市内の病院で在留邦人向けに医療講演会を開催するためでした。

　スリランカでは、裕福な国民は民間の医療機関にかかり、それ以外の国民は公営の医療機関にかかるという棲み分けがされています。現地の在留邦人は民間の医療機関にかかりますが、医療レベルは高くても、受診システムがわかりにくいという声が数多く聞かれました。この受診システムはスリランカに限定されるものではなく、世界的にはどこの国でも採用しているシステムですが、日本のシステムが特殊なために、この世界標準システムがわからないという声でした。

　今回講演会を行なったのも民間の病院で、当時、私の所属していた施設と提携関係にありました。在留邦人の医療拠点としての整備を進めていましたが、この受診システムの問題を改善するため、日本人専用のシステムを整備してもらったのです。そのお披露目をするための講演会でした。

●ドクターを指名するシステム

　日本人の受診者にとって特にわかりにくいのが、初診時のドクターの選び方でした。日本では病院の受付で、自動的にその日の担当医に振り分けられますが、ここではドクターを自分で指名する必要があります。なぜなら、診療するドクターの多くが病院の職員ではないためです。彼らは病院に場所代を払って、そこで開業をしているのです。これをオープンシステムと呼び、海外の多くの国でこのシステムがとられています。一方、日本の病院は外部のドクターに閉ざされているので、クローズドシステムと呼ばれています。

　もう一つわかりにくいシステムが一般医の存在です。一般医とは全身を診察してくれるドクターで、内

コロンボ市内の病院

科、小児科、外科、産婦人科など幅広い知識をもっています。病気の交通整理をする役割を担っており、海外ではどの国にもいますが、日本にはそのようなドクターがいません。医療機関を受診すると、まずは一般医の診察を受け、簡単な病状であれば一般医が検査や治療を行ないます。むずかしい病状であれば、専門医に紹介してもらうというシステムです。日本人は一般医と聞くと専門性のないドクターと思い敬遠しますが、まずは一般医の診察を受けるのが海外では必要なのです。

●**爆笑の講演会**

こうしたクレームに対処するため、この病院にお願いしたのは、日本人の専用窓口を設け、その窓口を通った日本人患者は病院指定の一般医に診察してもらうというシステムでした。専門的な診療が必要なら、適切な専門医に迅速につないでもらうこともできます。このシステムを現地の日本人に紹介するため、今回の講演会を開催したのです。

新しいシステムは在留邦人の方々に好評でしたが、参加者からは、もともとのシステムに関する質問が数多く寄せられました。それに答えていると、参加していた日本人の女性から思わぬ意見をいただきました。「先生の説明で病院の使い方がよくわかりました。これを先に聞いていれば、新しいシステムはいらなかったですね」。そして会場は爆笑の渦に包まれました。

●**日本人の成長**

講演会終了後、病院の関係者と慰労会をしました。
「こんな政情不安の中、この国によく来てくれました。感謝します」
事務長が感謝の言葉を述べてくれました。この病院には日本人以外にも多くの外国人が受診していますが、このような特別なシステムをつくったのは今回が初めてだそうです。それだけ、日本人が受診する時にトラブルやクレームが多かったのです。

この訪問から10年後の2009年にスリランカの内戦は終結しました。それ以来、この国は観光産業を中心に大きな経済発展を遂げています。

この影響によりコロンボでは民間の医療機関がさらに増えているそうです。私が訪問した病院もさらに拡大しているとの知らせがありました。ただ、最近は日本人がこの国の医療をよく理解しているので、あまり専用の受診システムは使わなくなったそうです。それは少々残念ですが、この10年以上の間にコロンボに住む日本人が成長したのは間違いないようです。

（濱田篤郎）

Q3 海外でのホームドクターの選び方を教えてください

A
　現地に到着したら早めにホームドクターを決めて、健康な状態で受診しておきましょう。ホームドクターには一般医を選ぶことをお勧めします。医師とのコミュニケーションの方法も理解しておくと便利です。

解説

　海外に到着したら早めにホームドクターを決め、日頃の健康管理をお願いしましょう。

1. ホームドクターの選び方

　ホームドクターには一般医を選ぶことをお勧めします。一般医は英語でGeneral Practitioner、あるいはFamily Doctorと呼ばれています。

　ホームドクターを探すには、現地の日本人の評判を聞いて、親切な医師を見つけることが大切です。日本語が話せることも一つの基準になりますが、あまりそれにとらわれないほうがいいでしょう。ただし、英語が話せる医師を選ぶ必要はあります。英語が話せるかどうかは、医師の医療レベルを判断する一つの尺度になるからです。また、加入している医療保険で診察をしてくれるかどうかも、医師を選ぶための基準になります。

　先進国ではホームドクターの選択肢がたくさんありますが、途上国ではある程度限定されます。病院で選ぶなら、外国人がよくかかる病院や医療従事者の多くが英語を話せる病院などがよいでしょう。なお、日本国内でもインターネットを用いて現地の医療機関の情報を入手できます。詳細は第1章Q4（19頁掲載の図表1-4）を参照ください。

日本人の医師が海外で診療を行なうケースも増えていますが、多くは一般医として診療をしています。このような日本人の医師が滞在先にいれば、ホームドクターになってもらうことができます。

2. 健康な状態で受診する

　ホームドクターが決まったら、まずは健康な状態で受診してみましょう。病気でなくても、予防接種の相談や健康診断などで診察に応じてくれます。

　このように健康な状態で受診しておけば、滞在先の医療システムを予習することができます。また、医師と顔見知りになっておくと、急に具合が悪くなった時もすぐに診察をしてもらえます。さらに、海外ではホームドクターが、健康診断や予防接種など日頃の健康管理をしてくれますが、健康な状態で受診することで、こうした健康管理を受けるための登録を済ませることもできるのです。

写真1◆マニラ日本人会診療所・菊地医師

3. 医師との上手なコミュニケーション

外国語で医師と上手にコミュニケーションをするためには、次の点に心がけてください。

まず、医師に症状を伝える際には、あまり流暢な言葉で喋ろうとせずに、ボディーランゲージを交えて簡単な単語で伝えることが大切です。また、受診する前に症状の経過を整理しておくことも忘れないでください。

医師の説明が理解できなければ、何回でも聞き返しましょう。間違って理解していたために、とんでもない検査や治療を受けることになったケースも数多くあります。

写真2◆マレーシアのクリニック（外来）

Q4 海外で受診する際の具体的な手順を教えてください

A
　医療機関を受診する際には、まず予約をとってから診察を受けましょう。検査は外部の施設で行なわれることもあります。薬は院外処方が一般的です。会計にあたっては、加入している医療保険により対応が異なるのでご注意ください。

解説

　海外で医療機関を受診する方法は日本と違う点がいくつかあります。滞在する国によってシステムも異なりますが、一般的な受診方法を以下に紹介します。

1. 予約をとる

　日本でも医療機関を受診する際には予約をとることが多くなりましたが、海外の医療機関では救急で受診する以外、基本的には予約が必要です。まずは医療機関に電話をして、受診を希望する医師名と受診希望日を告げてください。もし医師が決まっていなければ、受付の人に相談するとアドバイスをしてくれます。この時に、利用する医療保険も伝えておきましょう。医療機関や医師によっては加入している保険で受診できない場合があります。

2. 診察を受ける

　診察を受ける際には予約時間の少し前に受付を済ませましょう。医療保険の手続きなどで時間がかかることもあります。医師に症状を伝える際には、自分の症状や経過を紙に書いておくといいでしょう。それを見せながら医師に説明すると、良く理解してもらえます。なお、海外の医師は初診の時にかなり長い時間をかけます。時間を気にせず

に、とことん話を聞いてもらいましょう。また不明な点があれば何回でも質問してください。

3. 検査

　診療所形式の医療機関には検査設備がないことが多く、採血やレントゲンなどの検査が必要な時は、外部の検査施設に出向くことになります。そこで医師からの指示書を見せると検査をしてくれます。病院の場合は同じ建物内の検査室に行くよう指示されますが、建物は同じでも検査室は外部の会社が経営していることがあります。検査結果は基本的に患者の所有物になるため、結果の紙や写真は自分で保管することが必要です。

4. 会計

　会計の際には医師の診察料や施設使用料などが請求されます。院内で検査を受けた場合は、検査料金も加算されます。会計のタイミングは、診察室や検査室などそれぞれのセクションで支払う方式や、最後に一括して支払う方式など、医療機関によりまちまちです。

　支払い方法は、加入している医療保険にもよりますが、立て替え払い方式とキャッシュレス方式の２種類があります。立て替え払いの際は領収書を保管し後日、保険会社に請求します。キャッシュレスの場合は、保険カードなどで本人が確認されれば自動的に保険会社に請求が回ります。なお、海外の医療機関では一般にクレジットカードが使えるので、高額の現金を持ち歩かなくても大丈夫です。

5. 薬局

　海外ではほとんどの医療機関が院外処方を実施しています。医師が発行する処方箋を持って院外の薬局で薬を購入します。国によっては、点滴などの注射薬も院外で購入することがあります。

　途上国の薬局では、販売されている医薬品が古かったり、偽薬がおかれていたりすることもあります。このため、少々値段が高くても、

写真3◆インドネシアの病院受付

信頼できる薬局を選んでください。

6. 入院

　入院による検査や治療が必要な場合は、外来で診療した医師の契約している病院に入院するのが一般的です。入院中は病棟の主治医が担当してくれますが、外来の医師が引き続き主治医になることもあります。

　入院中は食事を選択できたり、家族の付き添いができるなど、日本に比べて、患者の過ごしやすい環境が提供されます。病棟での看護師の業務は、先進国では医師に匹敵するほどの高度なものですが、途上国では医師の介助に限定されています。なお、入院期間は日本に比べて一般に短くなります。

コラム　病気の世界地図6

インドネシア・ジャカルタ〜家族付き添いの功罪

●鳥インフルエンザ病棟の怪人

　2007年春、私はインドネシア・ジャカルタの病院を訪問し、鳥インフルエンザ患者を収容する病棟を見学させてもらいました。この国では2005年から鳥インフルエンザの流行が発生しており、それが世界的に拡大するのではないかと心配されていた時期です。病棟に入ると、ナースステーションと患者の入院するスペースが厳密に区切られており、医師や看護師が患者を診察するには、宇宙服のような防護服を着用する必要がありました。

　ナースステーションにはモニターが設置されており、入院中の患者の様子が映し出されています。よく見ると、子どもの患者の横に女の人が立っていました。子どもの体を拭いていますが、この女の人がどうも変なのです。防護服はガウンとマスクだけで、そのマスクも首にぶら下げていました。モニターの横にいた看護師に「あの人はだれですか？」と聞くと、意外な答えが返ってきました。

「あの患者の母親です。またマスクをはずしていますね。注意しないと」

　私が見学していたのは、鳥インフルエンザ患者を収容する病棟で、医療関係者は宇宙服のような防護服を着て患者の診察や看護を行なっています。それなのに、なぜ患者の母親が軽装で病棟に入っているのでしょうか。実は、この病棟で患者の日常的な世話をするのは、看護師ではなく家族の役割になっています。つまり、隔離病棟にもかかわらず完全看護ではないのです。

●患者の面倒は家族がみるもの

　この国では患者が公立病院に入院すると、治療面は医師や看護師が対応しますが、患者の生活面は家族が対応するという役割分担をとります。では、その家族が普段どこにいるかというと、患者のベッドの横で起居を共にすることも多いそうです。付き添う家族の食事が病室内で調理されることもあり、患者の部屋に煙が充満するという光景も目にします。患者にとっては家族が隣にいることで淋しくないでしょうが、付き添う家族は大変です。

　このように入院患者に家族が付き添うという習慣は、インドネシアだけでなく、途上国で一般にみられるものです。こうした習慣の背景には、看護師の数が不足しており、患者の生活面にまで手が回らないことが影響しています。特にインドネシアではこの問題が深刻です。

●看護師不足ではあるが…

　その一方で、インドネシアでは看護師が海外で働くケースもよくみられます。働く国は近隣のアジア諸国や中東などですが、国内で働くよりも給料が高いためで

す。こうしたインドネシアの看護師の働き先として、最近は日本も候補地にあがっています。これは日本とインドネシアの経済協定にもとづく事業で、日本側がインドネシア人の看護教育を行ない、日本の国家試験を受験させるというものです。

日本側としては、国内の看護師不足を解消するためにこの事業を始めましたが、母国であるインドネシアも看護師が不足していることを考えると、なんとも複雑な気持ちになります。ただ、日本で免許を取得した看護師の中には早々に帰国する者も多く、その後は母国で就職しているそうです。つまり日本の看護技術を身につけた看護師がインドネシアで働いていることになり、この制度は国際医療協力としての機能も果たしているのです。

●感染症対策への不安

私は、家族が入院患者の身の回りの世話をするシステムについて、看護師の数が不足しているのなら、仕方のない方法だと思います。しかし、このシステムは感染対策の面からすると問題が多いものです。病院の中にはさまざまな感染症の患者が入院していますが、付き添いの人がそれに感染することもあるでしょう。逆に、付き添いの人が、病院の外から感染症を持ち込む危険性もあります。

特に、鳥インフルエンザ病棟のように高度な感染対策が必要な場所では、家族の付き添いは制限すべきです。家族が患者の病室に入るのならば、医療スタッフと同様の防護服を着用する必要があります。

２０１５年６月に韓国でMERSの流行が発生しましたが、この時も入院している患者に付き添った家族が感染し、その後の感染拡大の一因になりました。家族の付き添いやお見舞いは患者にとって病気を回復させる活力になりますが、感染症の場合は、それが原因で病気が蔓延することもあるのです。

日本で看護教育を受けたインドネシアの看護師たちが、こうした知識を母国で広めてくれることを期待しています。

（濱田篤郎）

ジャカルタの鳥インフルエンザ病棟

Q5 海外で急な病気にかかった時はどのように対処したらいいですか？

A 急な病気にかかったら、ホームドクターに連絡して診察をしてもらいましょう。ホームドクターがいない人は救急外来を受診することになります。重症なケースでは受診したい病院に連絡し、その病院の救急車を利用してください。

解説

海外で生活をしているとカゼ、下痢、ケガなど急な病気にかかることが多くなります。そんな時の対処方法を紹介します。

1. ホームドクターに連絡する

ホームドクターに受診したことのある人は、そのドクターのいる医療機関に連絡をしてください。ホームドクターが出勤していれば、予約の空いている時間に診察をしてくれるでしょう。もし不在でも代理のドクターが対応してくれるはずです。このように急な病気に備えて、健康なうちにホームドクターに受診しておくことをお勧めします。

2. 救急外来を受診する

ホームドクターがいない人は、救急外来を受診してください。日本で救急外来というと夜間の外来を連想しますが、海外の救急外来は昼間も急病の患者を診察しています。このような外来は大きな病院や地域の医療センターなどに設置されています。一般に救急外来では重症の患者を先に診察するので、軽い症状だと長時間待たされます。また、医師も若手が配置されていることが多く、薬も当座必要な量しか処方されません。急な病気の際に満足できる医療を受けるためにも、ホームドクターを活用することが必要なのです。

写真4◆トルコの救急車

3. 救急車を利用する

「意識がなくなる」「痛みが強い」など重症なケースでは、救急車を呼んで医療機関を受診することになります。しかし、海外では日本のような公営の救急搬送システムが整備されていません。そのため、救急車を呼んでも、家に到着するまで長時間待たされることが少なくありません。また搬送される先も満足できる医療機関ではないことが多いようです。そこで、行きたい医療機関の所有する救急車を電話で呼び、運んでもらう方法をとります。こうした医療機関の救急車は有料ですが、確実に搬送してくれます。

4. 近隣の先進国や日本で治療を受ける

滞在している国の医療レベルが低い場合は、病気の重症度に応じて、近隣の先進国などに移動して治療を受けることがあります。この場合は航空機が搬送手段として使われますが、大変に高額な費用がかかります。このため、事前に海外旅行保険の緊急搬送契約などをしておくことをお勧めします。

Q6 海外での医療保険の利用方法を教えてください

A　先進国では医療費を現地の医療保険（公的か民間）で支払う人が多いようです。一方、途上国では海外旅行保険で支払うのが一般的です。また、日本の健康保険にも海外でかかった医療費を還付してくれる制度があります。

解説

　海外の医療費は基本的には日本とあまり違いませんが、高度医療を受けると高額になることがあります。このため事前に医療保険に加入しておき、それで支払うという方法がとられます。

　どのような医療保険を利用するかについて、先進国と途上国に分けて説明します。

1. 先進国での方法

　欧米諸国に滞在する人は、現地の医療保険に加入して医療費を支払うのが一般的です。現地の医療保険には公的と民間がありますが、公的の保険は、受けられる医療行為や医療機関が限定されることが多いようです。このため、日本人の多くは、公的保険と民間の保険のいずれにも加入するか、民間のみを選択しています。

　たとえば、イギリスでは日本人滞在者も公的保険に加入していますが、日本の海外旅行保険などの民間保険に同時加入している人が多いようです。アメリカでは民間保険に加入して医療費を払う日本人が大多数です。アメリカの民間保険には医療行為や医療機関が無制限に保証されるものから、一定のレベルに制限されるものまでさまざまな種類があります。無制限の場合はそれだけ保険料も高くなります。

2. 途上国での方法

途上国では、日本の海外旅行保険を利用する日本人が多くみられます。ただし海外旅行保険は、現在治療中や既往のある病気についてはカバーしてくれません。このような場合は、自費で支払うか、次に紹介する日本の健康保険を利用します。

なお、日本の海外旅行保険を用いる場合、保険会社の提携医療機関であればキャッシュレスサービスが適用されることがあります。受診者は保険カードを医療機関に見せるだけで、料金を支払う必要はありません。詳細は各保険会社にお問い合わせください。このサービスが適用されない場合、受診者は立て替え払いをして後日、保険会社から還付を受けます。

3. 日本の健康保険を用いる方法

日本の健康保険から、海外でかかった医療費の一部還付を受けることもできます。先進国や途上国にかかわらず、この制度を用いる日本人が増えています。この制度を利用するには、海外滞在中も保険料を支払い続けることが必要です。また政府管掌や組合健康保険の場合は、日本の派遣元の企業に籍があることが条件になります。

日本の健康保険を用いる際は、まずは自分で立て替え払いをします。後日、医療機関が発行した領収書と診断書を日本の社会保険事務所などに提出し、還付を受けます。この時の還付額は日本の基準で計算されるので、かかった医療費の一部になることが多いようです。

図表4-3◆海外での医療保険の利用

	先進国	途上国
現地の医療保険	日常の診療に公的か民間を利用	—
日本の海外旅行保険	民間の保険として利用する場合もある	日常の診療に利用する
日本の健康保険	先進国でも途上国でも利用できる（還付額は一部のみ）	

コラム　病気の世界地図7

アメリカ・クリーブランド
～トランプ大統領はアメリカ医療を変えるのか？

●ブラック・ジャックが活躍する場
　手塚治虫の代表作である『ブラック・ジャック』の実写版がアメリカで製作されるというニュースが2012年に流れました。この話を聞いて私はなるほどと思いました。この作品では主人公が手術代として患者から高額な医療費を請求しますが、それは典型的なアメリカ式の医療だったからです。

　日本では、医者が診療の見返りに高額な医療費を請求することを容認しない風潮があります。その一方、海外の多くの国では「医は算術」という考えが定着しており、医者は技術レベルに応じて料金を徴収します。この傾向が特に強いのがアメリカです。だから、この国ではブラック・ジャックの医療行為を容易に受け入れることができるのです。

　こうしたアメリカ式医療について身をもって体験したことがあります。それは1984年のことでした。

●留学生の待遇
　当時、私は熱帯医学の研究のため、アメリカ・クリーブランドの大学病院に留学していました。留学生活が始まって2ヵ月後、妻が妊娠し、私は大変慌てました。なぜなら、私たちは医療保険に加入していなかったからです。すぐに留学先の上司に相談したところ、上司の友人である産婦人科医を紹介してくれました。

　私は妻とそのドクターのクリニックを訪ね、高級ホテルのような部屋で診察を受けました。しばらくしてドクターが満面に笑みをうかべ診察室から出てきました。
「おめでとう、奥さんは順調に経過していますよ」
「ありがとうございます。それで、きょうはおいくらでしょうか？」
「あなたは留学生だから、無料でいいです」
　私はほっとしましたが、次の言葉が胸に刺さりました。
「でも、次回からは別の産婦人科医にかかってください。留学生では、私の診察代はとても払えませんから」
　『ブラック・ジャック』の中にも貧しい患者からはお金を取らないというシーンがありましたが、それを思い出させる言葉でした。

●アメリカの医療保険制度
　日本では健康保険制度のもと、国民は平等に医療を受けることができますが、アメリカは自由競争の国で、お金を出せば最高の医療を受けることができます。別の言い方をすれば、お金がないと最高の医療を受けることができません。

私が渡米した当時、アメリカには3つの医療保険がありました。第一が、医療費を無制限にカバーしてくれる民間の保険。保険料は高いものの、最高の医療を受けることができます。第二が、貧しい人を対象にした生活保護的な公的保険。保険料は無料ですが、必要最低限の医療しか受けられません。そして第三が、それらの中間に位置する民間保険です。保険料はあまり高くありませんが、受けられる医療や受診できる医師に制限があります。当時、国民の多くはこの第三の保険に加入していましたが、私の妻もそれに加入し、指定する別の産婦人科医の診察を受けました。

●映画に垣間見るアメリカの保険問題
　第三の保険の問題を取り上げたアメリカ映画がいくつかあります。
　たとえば、デンゼル・ワシントンが主演した『ジョンQ』(2002年)。この映画では、主人公の子どもに心臓移植が必要になりますが、病院が手術を拒否したため、主人公が病院を占拠して手術を強行させるというストーリーです。この映画で子どもが加入していたのが第三の保険でした。実際にこの保険では心臓移植という高度医療まではカバーしてくれません。
　それから、ジャック・ニコルスン主演の『恋愛小説家』(1997年)。主人公の小説家が、恋心を抱くバツイチ女性にアタックする場面です。この女性の息子の喘息治療のため、主人公は専門医に往診を依頼しますが、診察をしてもらえませんでした。なぜなら、この女性一家が加入していたのが第三の保険で、そのドクターは指定医ではなかったのです。保険会社の指定する医師の診察しか受けられないというのも、第三の保険の特徴です。

●オバマケアの危機
　その後、アメリカでは経済状況が変化し、第三の保険の加入料が年々高騰していきました。この結果、2000年代に入り、国民の半分近くが医療保険に加入できないという事態になったのです。そこで2014年に当時のオバマ大統領は、オバマケアと呼ばれる第四の保険を新設しました。この保険は政府や自治体が一部資金を拠出しており、それだけ加入料が安く済みます。私はこのニュースを聞いて、日本の健康保険に匹敵するような医療保険がアメリカに誕生したことを嬉しく思いました。
　ところが、2017年にトランプ大統領が就任してから情勢が変わりつつあります。彼は選挙期間中、この第四の保険であるオバマケアを廃止するように訴えてきたのです。これは、公費の支出を抑えたいという政策とともに、「お金さえあれば最高の医療を受けることができる」というアメリカ本来の医療観にもとづく方針ともいえます。
　『ブラック・ジャック』実写化の話は、オバマケアの開始とともにピタリと止まりましたが、トランプ大統領の登場で再開されるかもしれません。

(濱田篤郎)

本コラムは日本在外企業協会の『月刊グローバル経営』(2017年1月号)に掲載した原稿を一部修正しました

Q7 海外で歯科治療はどのように受けたらいいですか？

A

海外で歯科治療を受ける際には、技術的に優秀な歯科医を選ぶことが大切です。途上国では医療器具の清潔さも重要なポイントになります。また、加入している医療保険が歯科治療費をどこまでカバーしてくれるかも確認しておきましょう。

解説

海外で歯科治療を受けるのは日本ほど簡単ではありません。これは技術面や衛生面などさまざまな問題があるからです。このため、虫歯などの歯科疾患については、出国前に一定の治療を終えておくことをお勧めしています。その一方、海外で虫歯にかかり、歯が痛くなるケースもよくみられます。海外で歯科治療を受ける際には以下の点に注意してください。

1. 歯科医の選び方

世界各国の歯科医を比較すると、一般に日本の歯科医は高い技術レベルをもっています。海外にも技術レベルの高い歯科医はいますが、その中で外国人の診療をしてくれる歯科医を探すのはなかなか大変です。こうした滞在先の歯科医の情報は、外務省や海外邦人医療基金のホームページ（19頁掲載の図表1-4参照）で検索してください。

途上国で歯科医を選ぶ際に注意する点は、医療器具の清潔さです。消毒が不十分だったために、治療により感染をおこしてしまうケースもあります。現地で治療を受けたことのある日本人からの情報などを参考に、清潔な医療器具を使う歯科医を選ぶようにしましょう。

写真5◆エジプトの歯科クリニック

2. 医療費の問題

　歯科治療で問題となるのが医療費の面です。先進国で現地の医療保険に加入していれば、条件によっては歯科の治療費を支払ってくれます。しかし、保険料の安い保険ではそこまでカバーしてくれません。また、海外旅行保険では一般に歯科治療費は対象外です。日本の健康保険でも、国内の基準に応じた治療費は還付されますが、海外でかかった費用の一部だけになるでしょう。このように歯科治療費に関しては、利用する医療保険により対応が異なってきます。事前に自分の利用する保険がどこまでカバーしてくれるかを確認しておきましょう。

3. 歯科矯正

　子どもが歯科矯正中の場合、「滞在先でも同じ治療が受けられるか」という質問がよくあります。歯科矯正の方法は国によって異なるため、日本での矯正方法を海外で受けるのは、なかなかむずかしいようです。日本で矯正を開始している場合は、一時帰国などの際に日本の担当医に経過観察を受けるのがいいでしょう。詳しくは日本で受診中の歯科医にご相談ください。

Q8 海外での出産は心配ないでしょうか？

A
　海外で妊娠の疑いがあれば、まずはホームドクターを受診しましょう。出産にあたっては、医療技術や医療費などの面を検討する必要があります。日本に帰国して出産するなら妊娠4ヵ月以降が安全です。

解説

　海外滞在中に出産をする日本人も増えてきました。海外での出産や子育ては家族の絆を深めるのに大きな効果がありますが、医療面に不安を感じる人も多いようです。

1. どの診療科にかかるのか

　滞在先で妊娠している疑いがあれば、早めに医療機関を受診しましょう。ホームドクターがいれば、まずは、そのドクターにかかります。ホームドクターの中には妊娠中の管理や分娩まで対応する医師もいます。専門的な診療が必要な場合は、産婦人科の専門医を紹介してくれます。ホームドクターがいなければ、産婦人科を直接受診してください。

2. 医療技術やサービスの問題

　日本では妊娠中の管理や分娩にあたり十分な医療対応を受けることができますが、海外では技術面やサービス面について不安を感じる方も多いことでしょう。

　まず、欧米などの先進国であれば、こうした面で心配する必要はありません。一般に技術面は日本と同等で、サービス面では日本よりも良質の医療を受けることもできます。

　一方、途上国では技術面で日本と同等の医療を受けるのがむずかし

い場合があります。そこで、次の２つの点を検討してください。第一に、いままでの妊娠歴や今回の妊娠の状況です。流産を繰り返している人や、今回が双子など通常の妊娠ではない人は、途上国での出産をあまりお勧めしません。第二に、滞在している町に日本人の出産を何回も経験したことのある医療機関があるか否かです。そうした医療機関があれば、第一の問題があっても途上国で出産することは、ある程度可能です。

3. 医療費の問題

　海外の医療機関で妊娠中の管理や分娩処置を受ける場合、医療費がかなり高額になることがあります。このため、妊娠、分娩にあたり、どれだけの医療費がかかるかを事前に調べておきましょう。

　海外旅行保険では、妊娠や分娩にともなう医療費をカバーしてくれません。また、日本の健康保険も適用外です。一方、欧米の医療保険の中には、妊娠や分娩にあたっての医療費をカバーしてくれるタイプもあります。また日本の派遣元や健康保険組合がお祝い金として、医療費の一部を援助してくれることがあります。こうした出産にともなう医療費の補助についても調べておきましょう。

4. 入院期間

　海外で出産する場合、入院期間が大変に短くなります。正常分娩ですと２～３日で退院になります。これは出産にともなう医療費をできるだけ軽減するためです。さらに、海外では家庭で新生児のケアをするというのが一般的な習慣になっています。このため、出産後は夫が休暇をとり、家事や赤ちゃんの対応をすることが必要です。これがむずかしい場合は、日本から家族を呼び寄せて、産後の家事を手伝ってもらうこともご検討ください。

　なお、出産後の子どもの健康管理については、第７章を参照ください。

写真6◆マレーシアの産科病棟

5. 日本で出産する場合

　滞在先で妊娠が判明し、日本に帰国して出産する場合、日本に帰国するのは妊娠4ヵ月以降の安定期になってからがいいでしょう。滞在先のドクターの診察を受けている人は、日本の医療機関宛ての紹介状を作成してもらいましょう。日本に帰国したら早めに産婦人科を受診してください。

　日本で出産後、再び夫の赴任先に渡航する時期は、生まれた子どもの月齢が3ヵ月をすぎてからにしましょう。この時期になると、子どもの首がすわり、航空機による旅行がある程度安全になるからです。

コラム　女性の健康1

海外での妊娠出産

●自分の体を信じて妊活をためらわないで

　初めての妊娠出産は、すべてが初めての経験になりますので、多くの不安がともないます。ましてや言葉、風習が違いコミュニケーションもままならない環境でとなると不安が何十倍にもなります。

　でも、妊娠すること、胎児を子宮の中で育てること、出産すること、これらのプログラムは女性の体の中に十分備わっていて、体が自分で全部やってくれます。医療も含め環境はそれをサポートしてくれるものなのです。海外だから、言葉ができないからと妊娠することを先延ばししてしまうと、時期を逃してしまうことにもなりかねません。自分の体の力を信じてください。妊娠できるはずの体でも、期待するようにうまくいかないこともあります。それでも希望を持ち回数を重ねてください。子は授かりものです。

　妊娠中の9ヵ月は　胎児が外の世界に出ても生きていけるように準備する期間ですが、親としてその子を迎える準備期間でもあります。妊婦健診はどこで受けるのか、お産はどこでどのような雰囲気の中でするのかなど、知らないといけないことがありますので、地域社会と積極的に関与することになります。

●妊婦健診は異常の検査のみ

　人種、言語は違っても体のメカニズムは同じですから、心配しないでください。日本とは異なってみえるのは、その地の風習や保険医療制度の関与の仕方です。風習とは、気候、食べ物、親子のかかわり方、お産のとらえ方から形づくられます。また、保険医療制度とのかかわりは、保険でどこまでまかなえるのか、医師と助産師の役割、出産場所などから決まってきます。いまはインターネットを通じてこれらの情報が集められます。

　ただし、海外での出産では、医療機関での健診は異常があるかどうかのチェックだけだと思ってください。母体の異常の検査として、血圧、体重、尿検査が行なわれます。胎児の検査は、心拍、超音波です。問題がなければ、それ以上の話

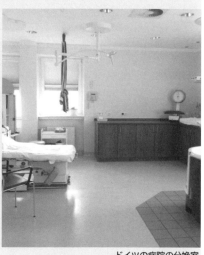

ドイツの病院の分娩室

がされない可能性があります。日本のように事細かな指導、サービスは期待しないでください。
　もっとも、妊婦教室のようなものはあるはずですから、積極的に探して参加してください。

●里帰り出産か、現地での出産か
　さて、里帰り出産か、現地での出産かを悩むと思います。日本にいる親からは帰ってきなさいと里帰りを勧められることもあるでしょう。でも、可能な限り夫婦一緒にお産に臨むことをお勧めします。里帰り出産となると、半年の別居の間にお母さんは出産、新生児の育児と劇的な変化を経験しますが、お父さんにとっては、それらは別世界の話にしかなりません。それは、二人の間のギャップだけではすみません。また戻ってきてからの生活は、お母さんだけでなく、赤ちゃんにとっても変化が大きく大変です。

●お互いを理解し支え合う努力が不可欠
　夫婦の愛の中で誕生した生命ですから、赤ちゃんのこの世での出発となるお産も二人で迎え、その夫婦の愛の中で育ててあげてください。赤ちゃんの誕生をもって親としての誕生となります。またそれは家族としての始まりです。子どもが日々成長する姿を見守り、親としても成長していかないといけません。親といっても一人ひとりの育ってきた環境は異なり、父親、母親の役割も違います。お互いを理解し支え合う努力が日々必要になります。夫婦の愛の証であるべき子の育児をめぐって、ストレスが生じたり感覚の違いが広がり、離婚の芽をつくり育てないようにと願います。国際結婚の場合は、特にこの点は重要です。

●社会とのかかわりの中で子育てを
　海外での育児も、社会と隔離されてはやっていけません。妊娠中から情報を集めて備えましょう。小さいお子さんを連れて気軽に行けるところがあるといいです。友だちであったり、公園だったり、あるいは子どもを一緒に遊ばせるグループなどがどこかにあるはずです。
　育児はストレスではありますが、だんだん慣れてきます。世界中のどこであっても、子どもは生まれ育っていっています。積極的に外に出てみてください。
　出産という人生の大事な時を過ごした場所が、思い出深い地となりますようにと願います。

（中川フェールベルク美智子）

Q9 健康診断や予防接種はどこで受けたらいいですか?

A
海外で健康診断を受ける場合にはホームドクターにご相談ください。また最近は、海外にも日本式の健康診断を提供する医療機関が増えてきました。予防接種は、ホームドクターが対応してくれるほか、トラベルクリニックでも受けられます。

解説

　日本では会社からの指示で健康診断を年に1回受けますが、これは労働安全衛生法という法律で規定されています。海外滞在中はこの法律が適用されませんが、滞在先でも、健康を維持するために年に1回は健康診断を受けることをお勧めしています。また、一緒に滞在している配偶者も同じように健康診断を受けてください。

1. 現地で健康診断を受ける場合

　日本では健康診断に必要な項目がセットとして提供されますが、海外の医療機関で同じような日本式健康診断を受けるのはなかなか困難です。まずはホームドクターに検査項目を提示して、ご相談ください。

　最近は、海外にも日本人向けの健康診断を提供してくれる医療機関が増えてきました。どこで健康診断を実施しているかは、外務省や海外邦人医療基金のホームページ（19頁掲載の図表1-4）などを参照ください。

　健康診断後に再検査が必要になった場合は、現地の医療機関で検査を受けるようにしましょう。ただし、結果に応じた生活指導まではあまり実施されていないため、ホームドクターに検査結果を見せて、指導を受けることをお勧めします。

写真7◆ドバイのクリニックの採血室

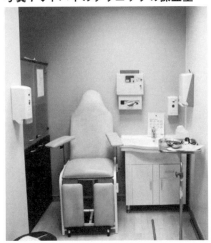

2. 日本で健康診断を受ける場合

　日本に一時帰国した際に健康診断を受ける人もいます。この場合は、帰国した直後に検査を受けることをお勧めします。健康診断が再出国直前になると、再検査が必要な時に、国内での実施がむずかしくなるからです。また、日本で受けた健康診断の結果は、英語に翻訳してもらいましょう。滞在先で医療機関を受診する際に役立ちます。ホームドクターがいれば、その結果を受診時に見せてください。

3. 海外での予防接種

　日本で出国前に予防接種を受けられなかった場合は、滞在先で接種を受けるようにしましょう。日本で受けた予防接種の追加接種も同様です。また、子どもの定期予防接種の方法も以下に紹介します。

〔大人の予防接種〕

　ホームドクターがいる人は、そのドクターに相談してください。自分の医療機関で接種できない場合は、ほかの医療機関を紹介してくれます。また、海外にはトラベルクリニックという施設が数多く設置さ

写真8◆スイスのトラベルクリニック

れており、そこを受診すると接種が受けられます。

〔子どもの予防接種〕

　子どもの定期予防接種もホームドクターが対応してくれます。もしホームドクターがいなければ、小児科を受診し、日本での定期予防接種の記録をドクターに見せてください。子どもの予防接種についての詳細は第7章を参照ください。

Q10 持病がある場合、滞在先でどのように診察を受けたらいいですか?

A
　自分で持病の専門医を見つけるのはむずかしいので、まずは滞在先のホームドクターに相談しましょう。必要に応じて適切な専門医を紹介してくれます。持病の治療方法などは日本と異なる点があるので、滞在先の主治医に相談しましょう。

解説

　日本で持病の治療や経過観察を受けている人が、滞在先でそれを継続するケースもよくあります。この場合、第１章Ｑ６で説明したように、日本の主治医の英文紹介状を持参するようにしましょう。滞在先でどのように医療機関を受診するかを以下に説明します。

1. ホームドクターに相談する

　持病の専門的診療が必要な場合は滞在先の専門医を受診することになりますが、それを自分で探すのはなかなか大変です。日本の主治医が推奨するドクターが滞在先にいれば、そこを受診する方法もあります。

　そのようなドクターがいなければ、まずは滞在先のホームドクターにご相談ください。日本の主治医からの紹介状をこの時に見せると、簡単な病気であれば、ホームドクターが診療を引き受けてくれます。必要があれば適切な専門医に紹介してくれます。もし、専門医による診療を望むのであれば、その旨をホームドクターに伝えましょう。はっきりと自分の意志を伝えることが大切です。

2. 専門医の診療

　専門医にかかる際は、ほとんどが予約制になります。初診の時は日

写真9◆中国の病室(個室)

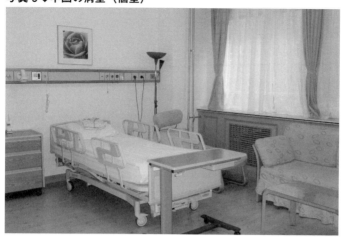

本の主治医と現地のホームドクターからの紹介状を、どちらも見せてください。

　日本と同じような治療をしてもらえるかは専門医の判断によります。滞在する国ごとに、その国の診療ガイドラインがあり、それに従った診療が行なわれるからです。いままでの治療継続を希望されるならば、ここでも自分の意志をはっきり伝えてください。

　なお、処方される薬の種類は、日本よりも少なくなる傾向があります。海外のドクターは、無駄な薬は処方しないという方針をとることが多いためです。また、病状が落ち着いていれば、再診はかなり先になります。

3. 日本の主治医との連携

　日本に一時帰国した時には日本の主治医に経過観察をしてもらいましょう。この時、滞在先でかかっているドクターから経過報告書を作成してもらうと役立ちます。日本に最終的に帰国する際も同様です。

4. アレルギー疾患の治療

　アトピー性皮膚炎やアレルギー性鼻炎などで治療中の人が、滞在先

で治療を継続するケースもよくあります。

　熱帯地域に滞在すると、皮膚炎は悪くなる人が増え、逆に鼻炎は軽くなる人が増えます。一方、乾燥した地域では、鼻炎が悪くなるケースがよくみられます。

　日本ではアレルギーの治療薬が数多く販売されていますが、海外ではあまり多くありません。滞在先に日本と同じ薬剤がない場合は、類似する薬剤を使用することになります。皮膚の塗り薬も海外では種類が少ないため、日本で多めに処方してもらい、持参することをお勧めします。

写真10◆モロッコの病室（個室）

コラム　女性の健康2

海外生活での婦人科

●癌検診は日本にいる間に済ませる
　婦人科診察への抵抗があり、日本にいても病院に足が向かない中で、海外で言葉も十分に通じず冷たく感じる現地の先生となると、婦人科をどうしても受診しなければいけないのかと不安に思うことでしょう。そこで命にかかわる重大なこととして、癌の問題は日本にいる間に検診をしっかり受けてクリアにしておきましょう。子宮頸部の細胞を採るだけでなく、超音波で子宮、内膜、卵巣を診てもらい、問題がなければ少なくとも1年は安心できます。多少の不正出血があっても、様子をみてからというゆとりが生まれます。その後は、帰国時でも、現地でも検診は受けられます。生理の乱れはホルモンバランスの問題です。ストレス環境があれば生じますので、落ち着くのを待ってみましょう。

●不安があるときは勇気をもって受診する
　海外での受診は、国によりますが、まず一般医に診てもらい、問題が解決しない場合に初めて婦人科へというステップを踏まないといけないこともあります。内診をしてくれなかったり、経膣超音波ができないこともあります。ほとんどの場合はそれでも十分ですが、不安があれば積極的に専門医にかかってください。
　海外では言葉の問題もあり、親身に話を聞いてもらい種々の不安に答えてもらうことはまず期待できません。いまはインターネットを通じた日本語での相談メールや電話という手段もありますので、利用してみるのもよいでしょう。ただし、インターネットを通じて情報を集めることはできても、時にそれが不安を煽る要素ともなりかねません。また診察しないことにはわからないのも事実ですので、勇気をもって受診してください。それで大丈夫と言われたら安心できます。受診の結果、手術が必要と言われたなら、すぐに手術が必要な場合は別ですが、積極的にセカンドオピニオンを求めてください。またそのための十分な情報を得てください。

●常備薬の用意と普段の健康管理
　海外だからと特別な婦人病があるわけではありません。もちろん日本にいるとき以上のストレスにさらされることから、生理の乱れ、不正出血、感染の原因になることも十分考えられます。膀胱炎を起こしやすい人、膣炎を起こしやすい人は、常備薬を用意するのもお勧めです。また、普段の健康管理として、陰部の清潔を心がけ、時には仰向けに寝て腹部を触ってみたり、乳房の触診をしてみてください。性病を気にするのであれば　夫婦間以外の性交渉は絶対に避けてください。

　　　　　　　　　　　　　　　　　　　（中川フェールベルク美智子）

第5章
メンタルヘルス

Q1 海外赴任で予想されるストレスにはどのようなものがありますか？

A 仕事や生活において、さまざまな変化が比較的短期間のうちにおこるのが海外赴任の特徴です。「ストレスはあるもの」と考えて対策を立てましょう。

解説

　海外赴任は、本人やその家族が視野を広げ、経験値を高めるよいチャンスになります。しかし、その一方で、短期間のうちにさまざまな変化が重なり、そのストレスからメンタル不全をおこしてしまう人がいるのも事実です。

　以下に、海外赴任がどんな変化をもたらすのか、具体的なイメージを描いていただくために、アジアのある国に赴任することが決まったAさんを想定してみます。

　Aさんは42歳の男性で、中学校の教師をしている40歳の妻と、14歳の長男、11歳の長女と暮らしていました。長男は中高一貫校の生徒で、長女は中学受験を予定しています。妻も自分の仕事にやりがいを感じており、Aさんは妻と話し合った結果、B国に単身赴任することになりました。

1. 役割が変わり責任が重くなる

　これまでは、エンジニアの一人として車の設計にかかわってきたAさんですが、赴任先では営業も兼務してほしいと言われています。現地の日本人は支店長とAさん2人だけで、Aさんは現地採用のB国人を何人か部下にもつことになりました。

　日本にいるときは大きな組織の中の一社員でも、人材の限られた海

外支店に赴任すると、企業の顔としての役割を求められるようになります。

限られた人材という点では、海外ではジェネラリストとして多様な業務をこなさなければならないこともあるでしょう。国内勤務では、いわゆるホウレンソウ（報告・連絡・相談）を通して物事が決められていたのが、海外事業では自分がその場で決定しなければならない局面もあり、責任を重く感じる人もいます。逆に、日本本社から現地事情にそぐわない指示を繰り返されて、道理に合わないと思う場合もあるでしょう。

2. 現地日本人との関係、文化風習のギャップ

社内の人間関係はどうでしょうか。日本で働いていても、時には気が合わないと感じる上司や同僚がいると思いますが、それ以外の人との交流でうまく精神的なバランスをとりやすい状況にあります。しかし、赴任先では日本人の数が限られています。少ない人数の中でうまくやっていかなければならず、いったん関係がぎくしゃくすると、行き場を失って孤立化しやすいのです。

また、現地の従業員とは文化や習慣が異なるので、日本にいる時は当然と思っていた指示が伝わらず、苦労する場合もあります。

3. 日常生活上の変化

仕事のみならずプライベートな生活でも大きな変化があります。知り合いに挨拶したり、レストランで支払いをしたりというような日常の行為は、日本に生まれて成長する中で習得してきた技です。普段はそのことを意識することもありません。しかし、日本では当たり前のことでも、それがほかの文化をもつ国で通じる、もしくは受け入れられるとは限りません。異文化の中での新生活は、「その文化に大人になってから生まれ直すようなもの」と考えるといいかもしれません。

海外赴任が変化をもたらすのは、赴任者本人だけではありません。

Aさんのケースのように、家族が日本に残る場合も、日常の家事、育児を妻が一手に引き受けることになり、生活が大きく変わります。

　もし、Aさんの妻が仕事をやめて夫の赴任先に同行するのであれば、妻の生活のみならず、教師としてのアイデンティティも変化を余儀なくされるでしょう。子どもたちにとっても、言語・文化の異なる地で生活をする、勉強を始める、というのは非常にチャレンジングなことです。

4. 出国前にできるストレス対策

　ストレス対策については、以降の項目でも触れていきますが、出国前にまずやっていただきたいことは、変化のシミュレーションです。家族がいる人は、赴任後の生活について、みなで話し合う機会をもてるといいでしょう。どういった変化が起きるか、思いつく限り書き出してみて、その一つひとつを、準備できること、そうでないことに分けます。こうすると、漠然とした不安や期待から解放され、いまできることが見えてきます。

写真11◆ガーナ・アクラ

Q2 カルチャーショックとは何ですか？

A
慣れ親しんだものとは異なる文化や慣習、考え方に触れた際に経験する、心理的なショックがカルチャーショックです。通常は時間の経過とともに緩和されますが、ショックがたび重なったり、大きかったりすると、不安や緊張が高まり、適応障害や心身症を引きおこすことがあります。

解説

1. 新しい文化や習慣への適応段階

人は、いくつかの段階を経て新しい文化や習慣に適応していくと考えられています。それが、次の①〜④です。

①ハネムーン期…新しい環境にワクワクしている時期です。目の前に展開される光景を観察者として楽しみ、あまり深いことは考えません。入国手続きなどで忙しく、無我夢中で日々を過ごします。

②カルチャーショック…入国してしばらく経つと、現地の人との関係がうまくいかなかった時に、いろいろと考えるようになります。自分に落ち度があるように感じたり、逆に、現地の人にこそ非があると思い、自国の文化を理想化したりします。

③回復期…理不尽と思っていた行動が、実は誤解で、文化の違いがもたらしたものであったことに気がつきます。

④適応期…滞在国の文化におけるルールを理解し、寛容に構えることができるようになります。そして自らもそのルールを習得し、尊重するようになります。

だれもが同じような段階を経るわけではなく、中にはいきなり②の

カルチャーショックから始まる人や、③の段階になってから②に戻る場合もあるでしょう。②のカルチャーショックは、新しい文化に接して大なり小なり、だれもが抱く自然な感情である一方、長引けば不適応状態として種々の悪影響を心身に及ぼします。

2. 適応障害や心身症にみられる症状

カルチャーショックの程度が甚大になると、感情や行動に深刻な影響を与えることがあります。本人が著しい苦痛を感じており、生活上や職業上で支障をきたしている場合は、精神医学的に適応障害と診断されます。

適応障害では、現実的に対応して行動する能力が低下しており、情動は不安定です。通常であれば気にならないようなことにも傷つき、涙し、自分には何もできないと絶望感を抱きやすくなっています。青年期の場合には、攻撃的な態度や反社会的な行動として、子どもの場合は、夜尿症、指しゃぶり、幼稚な話し方など、いわゆる「赤ちゃんがえり」として症状が現われることがあるので注意が必要です。

一方、ストレスが引きおこしたり、悪化させたりする体の病気が心身症です。図表5-1にあげるような疾患が該当します。心身症を有する人は、仕事中毒で活動的、自らのライフスタイルを乱すほど過剰適応ぎみな傾向があります。こうした人は、カルチャーショックを経験した際に、状況を一刻も早く最適化しようと頑張りすぎてしまうようです。

3. 出国前にできるストレス対策

では、海外において適応障害や心身症に苦しむことなく生活するにはどうしたらいいでしょうか。それには、いい意味で"いいかげん"をめざすことです。楽天的でおおらかな人のほうが、海外生活に早くなじむことができます。

自分には少し神経質なところがあると思っているようなら、「ま、

いいか」を口癖にしてみましょう。理不尽な仕打ちを受けたと思うことがあっても、背景には文化の違いがあるかもしれないことを思い出してください。不快な感情に振り回されることなく、少し引いて物事を客観的に見ることができると、気持ちが楽になります。

渡航前にその国の歴史や文化を学んで、その国に暮らす人々の背景を知っておくことも、現地で客観的に状況を判断する一助になります。在住経験者のエッセーやブログをあたり、その国で日本人がどのように感じることがあるのか、疑似体験をしておくのもお勧めです。

自分にとって初めての国に好奇心をもてるか、そこに暮らす人々の価値観や人生観に触れ、違いを楽しめるかが、カルチャーショックを乗り越える鍵になるでしょう。

図表 5-1 ◆心身症の疾患例

循環器系	本態性高血圧症、心臓神経症（パニック障害）
呼吸器系	気管支喘息、過換気症候群、神経性咳嗽
消化器系	消化性潰瘍（胃、十二指腸）、過敏性腸症候群
神経系	緊張型頭痛、片頭痛
内分泌系	甲状腺機能亢進症、糖尿病
その他	アトピー性皮膚炎、咽喉頭異常感症、顎関節症

Q3 海外生活で心身ともに健康に過ごす秘訣はどのようなことですか？

A
ストレスサインに気づき、セルフケアをしましょう。趣味や共通点をもつ仲間と出会い、孤立化しないことも大事です。

解説

　厚生労働省版のストレスチェックテストの質問項目には、図表5-2に示す内容が含まれています。ストレスが増大すると、イライラや不安といったメンタル状態への影響があるだけではなく、体にも変調をきたしやすいのです。

1. ストレスサインを知っておく

　自分が疲れた時に体に出やすいサインを知っていれば、早い段階で疲労回復に努めることができます。試しに、最近ストレスがかかった時のことを思い出してみてください。体はどんな状態だったでしょうか。

　ストレスサインは人によってさまざまですから、これを機に家族でお互いのストレスサインについて話し合ってみるのもいいでしょう。家族や同僚が本人よりも先に気づきやすいストレスサインもあります。たとえば、表情の変化が乏しくなった、声の張りがなくなった、ボーッとしている、といったようなことですが、そんな時はお互いに一言、声をかけるようにしましょう。

2. 生活を見直してみる

　では、ストレスサインが実際に出ていたら、どうしたらいいでしょうか。まずは、生活の見直しをしてみることから始めましょう。そのためには、自分が普段どのような生活を送っているかを知っておく必

要があります。

　いつも睡眠を何時間とり、食事は何回、どのくらいの量を食べているか。運動をしているか。どんなことが好きで、気晴らしの時間をどう過ごしているか。これらを把握しておくようにします。

　普段の生活をベースラインとして、ストレスサインが現われたら、どれだけ現状がベースラインから離れているかを確認します。普段は6時間寝ているのに、仕事が忙しくて5時間睡眠が続いていたかもしれません。趣味の時間をとる暇もなかったということもあるでしょう。

　普段の状態と違っていたことがあれば、意識して元に戻しましょう。忙しいからそんなことはできないと思うかもしれませんが、ストレスサインが出ている時は、注意力や集中力もストレスの影響を受けて、普段より低下する傾向にあります。仕事や家事、学業などを効率的にこなすには、ストレスコントロールが有効な手段となるのです。

3. 仕事とは無関係のつながりをもつ

　さらに、海外生活を積極的に楽しむためには、現地でも仕事や家庭以外に仲間をつくり、つながりをもつことを強くお勧めします。人は、社会の中で生きていくようにできているので、孤独でいることが大きなストレスになります。しかし、居場所が限定的だと、そこでうまくいかなかった時に八方ふさがりのように感じてしまうでしょう。

図表5-2◆ストレス診断の目安

ストレスがたまると体にも以下の変調をきたす
□体の節々が痛む
□頭が重かったり頭痛がする
□首筋や肩がこる
□便秘や下痢をする
□食欲がない
□よく眠れない

海外で仲間を見つけるには次のような方法が考えられます。日本語の話せる場としては、日本人会、県人会、各大学の現地会などがあります。日本人が多く住む地域であれば、趣味のサークルなどもあるので、気軽に参加できるのではないでしょうか。日本語の現地フリーペーパーがあれば、各種の行事を確認してみてください。子どもがいる場合は、日本語補習校で親同士、思い切りおしゃべりをするのが息抜きだったという人もいます。

　ただし、海外における日本人コミュニティは狭い社会でもあり、密になりすぎると、かえってストレスの種になる場合があります。参加していて気疲れを感じるようになったら、少し距離をおきながら上手につき合いましょう。

　新しい環境に慣れてきたら、現地のスポーツクラブやカルチャーセンターに顔を出してみるのもいいでしょう。共通の話題があれば、コミュニケーションもとりやすくなります。現地の言葉を習う語学教室なら、出身地は違っても、その国にきたばかりで似たような体験をしている仲間を身近に感じることがあるかもしれません。

　日本を離れて、あれもできない、これもできないと嘆くより、海外にいるからこそできる体験に目を向けたいものです。新しい体験を通して交友関係が広がれば、人生が豊かになることでしょう。

4. ゆっくりできる時間を確保する

　なお、生活の見直しをしても疲労がとれない、好きなことすら面倒に感じるという時は、むやみに新しいことに手を出さないようにしましょう。まず自分の時間をとり、ゆっくりと過ごす必要があります。それでも、うつうつとした気分が2週間以上続いているようであれば、放置するのは危険です。専門家に相談しましょう。

Q4 海外でも日本語でメンタルヘルスの相談ができるところはありますか？

A 出国前に現地の医療情報を収集しましょう。少数ながら日本人の臨床心理士や精神科医がいる地域もあります。企業からの派遣で海外に赴任する人は、社外の相談機関の利用や産業医への連絡が可能か、事前に確認しておきましょう。海外邦人のメンタルヘルスを支援するNPOもあります。

解説

海外で生活していると、ちょっとした不安や子育ての悩みを日本語で相談できたらいいのに、と思うことがあります。

1. 出国前に会社の相談体制を確認する

海外でも日本人が多い地域、たとえば上海やニューヨークなどでは、日本語の通じる臨床心理士や精神科医を受診することが可能な場合もあります。現地に精神科医がいなくても、眠れない、食欲がないといった症状を放置せず、ホームドクターに相談してみるのもいいでしょう。ただ、日本語で医療が受けられる地域は、世界的にみると本当に一握りです。

海外からメンタルヘルスの相談を日本語でしたい時、ほとんどのケースでは、電子メールや電話といった手段に頼ることになります。企業から海外に赴任する人は、出国前に会社の健康相談の体制について確認しておきましょう。赴任中も会社の産業医に相談できる体制がある場合は、具体的な連絡方法を控えておくことをお勧めします。

企業の中には、EAP（従業員支援プログラム）の一つとして社外の相談機関との契約で、海外にいても24時間、日本語でメンタルヘル

スを含む健康相談ができるようにしているところもあります。こうした産業医や外部機関の健康相談には守秘義務が課されているため、会社に伝えたくないことでも安心して相談ができます。

　また、たとえば以下にあげるホームページにアクセスしてみるのもいいでしょう。

2. Group Withのホームページ

　海外で育つ子どもたちやその家族を応援することを目的に東京で活動しているのがGroup Withです（http://www.groupwith.info/）。夫の赴任に同行し、自らも海外での生活を経験した女性による非営利自主活動グループです。インターネットサイトでは、障がいのある子どもと海外で暮らすための情報などを提供しているほか、「日本語で受けられる海外のメンタルヘルス相談機関・窓口」のリストを毎年更新、公開しています。さらに、メンタルケアを含む医療、教育、生活情報などへのリンク集も充実しており、参考になります。

3. With Kidsのホームページ

　子どもを帯同して海外に滞在する場合、現地の学校生活などでの不安にどのように対処したらいいでしょうか。

　教師に相談したくても、外国語で細かなニュアンスを伝えるのが難しいこともあります。スクールカウンセラーを紹介されたとしても、日本文化を知らない現地のカウンセラーには何が問題になっているのか伝わりにくく、その結果、深刻な状況に至るまで効果的な介入ができなかった事例も実際に起きています。

　そうなる前に日本語で相談でき、頼りになるのがWith Kidsです（https://www.withkids-kaigai.com/）。日本では、子どもの心の健康をサポートする臨床心理士がスクールカウンセラーとして校内に配置されています。With Kidsは、日本と異なる文化・言語に囲まれた生活をしている子どもたちにも、同様のサポートを届けたいという思い

から立ち上げられました。メンバーはすべて臨床心理士で、多くの人に海外在住経験があります。子どもとその保護者、関係教職員を対象に、発達や学校に関する問題など、さまざまな心の悩みに電子メールで相談に応じており、家族で海外生活をスタートさせる人には心強く感じられることでしょう。

4. JAMSNET東京のホームページ

　日本人が海外で暮らす際には、医療の問題も含め、どうしても情報弱者になってしまう傾向があります。体調不良が明らかな場合より、むしろ、受診するべきかを迷う時こそ、気軽な受診を阻む海外生活のわずらわしさを実感するのではないでしょうか。

　JAMSNET(ジャムズネット)東京は、海外に在住する日本人、あるいはこれから渡航を計画している日本人をサポートしている非営利団体です（http://www.jamsnettokyo.org/）。海外居住経験をもつ医療、保健、福祉、教育、生活等の各分野における多職種の専門家が所属しており、さまざまな活動を通して「日本語や日本文化を継承し、国境を跨いで活動する人々」を支援しています。精神科を含む医療全般に関し、海外から電子メールで相談することも可能です。

5. 無理をせずに頼ることが大切

　これから海外で生活する人にぜひ、お伝えしておきたいのは、辛い時には助けを求めることの大切さです。慣れ親しんだ環境から一歩外に出ると、自立してやっていくことを意識せざるをえないことが多々あります。その中での発見や工夫は、大いに自己成長を促します。しかし自立とは、だれにも頼らないことではありません。真に自立している人は、頼り方も知っています。

　頼るべき時は頼り、必要とする人には自らも手を差し伸べることができるようになると、海外生活は大きな実りをもたらすことでしょう。

Q5 メンタル不調が疑われ、すぐに現地医療機関を受診すべき場合とは？

A 自殺をほのめかす、自分や人を傷つける恐れがある、幻覚妄想がある、焦燥が強い、社会的逸脱行動等があるなら、すぐに受診する必要があります。こうした状況では、本人に病気という自覚がないことも多いため、家族や関係者が受診に同伴するようにしてください。

解説

　身体的に気になる症状がある時は、海外でも医療機関を受診しますが、精神的な変調となると受診に二の足を踏む人も少なくありません。そもそも、ストレス等で心身のエネルギーが低下している時は、受診のために外出すること自体がおっくうに感じられます。さらに、それまでの経過や微妙な気持ちを外国語で説明することの難しさを考えると、積極的に精神科を受診したいとは思わなくなるでしょう。

　また、精神科の病気の中には、客観的に見て明らかに普段と違う状態になっているにもかかわらず、当の本人は自分が病気であることに気がついていない、ということもしばしばあります。

1. 相談できる医師を見つけておく

　精神科の病気でも、重症化を防ぐポイントは、早期発見・早期治療開始です。日本語のカウンセリングや精神医療サポートが受けにくい海外では、セルフケアと並んで、いざという時の相談先をあらかじめ確保しておくことが大事です。企業からの赴任で駐在する場合は、企業が契約しているEAP（社外の従業員支援プログラム）の中に、メンタルヘルス相談がないかを出国前に確認しておいてください。本章Q4でも述べたように、現地の医療情報を事前に収集し、日本語で相

談できるところを調べておくといいでしょう。日本語で相談できる医療機関がない地域では、ホームドクターをつくっておくと、いざという時に相談しやすくなります。

2. 一刻も早く受診する状態

　一方で、一刻も早く精神科を受診すべき状態もあります（図表5-3）。すでにそのような状態に至っている場合は、日本語が通じる精神科がなくても、早急に現地の精神科にかかってください。原因となる疾患は、うつ病、双極性障害の躁状態、統合失調症、薬物中毒などさまざまですが、放置すれば重大な事態を招きかねず、場合によっては入院が必要です。

　本人には病気の自覚がないことも多く、受診を勧めても拒否される時には、目を離さないように見守りつつ、知り合いに応援を頼んで一緒に病院に行ってもらいましょう。危険が迫っている時は、安全確保が最優先です。現地の警察に救助を求めることも検討しましょう。ただし、精神科医療や警察の体制は、地域により事情が異なります。緊急を要する状態で、対応に迷う時は、まず滞在国の日本大使館などで現地事情を確認してください。

　受診後、病状によってはすぐに帰国することができません。入院治療を受けて、飛行機に乗れる状態になるまで回復する必要があります。帰国する際、付き添いが必要な場合もありますので、現地の病院の主治医とよく相談してください。急性期を脱していれば、日本語による治療環境のほうが望ましいといえます。

図表 5-3 ◆医療機関の受診が必要な状態

☐ 自殺をほのめかす
☐ 妄想や幻覚に行動が左右されている
☐ 自傷他害の恐れがある
☐ 焦燥が強い
☐ 社会的逸脱行動がある

第6章
生活習慣病

Q1 なぜ、海外では生活習慣病にかかりやすいのですか？

A

　生活習慣病とはその名のとおり、生活習慣の乱れからおこる病です。海外赴任中は食事、運動などの日常生活が変化するため、生活習慣が乱れやすくなります。さらに日本で治療を受けていた人が受診しなくなることも、生活習慣病を悪化させる原因です。

解説

1. 生活習慣が乱れる原因

　生活習慣病とは、高血圧や糖尿病、高脂血症がその代表疾患で、バランスの悪い食事、運動不足、酒やたばこ、ストレスなどが原因でおこります。もちろん遺伝的な素因も関与しますが、たとえ素因があったとしても、生活習慣が適切であれば発病することはありません。逆に素因がなくても、生活習慣が乱れてしまうと発病のリスクが高まります。

　筆者らが海外赴任者を対象に行なった調査によれば、生活習慣の乱れは最初の1年間は比較的少ないことがわかっています。おそらく、最初は緊張のため、無意識に節制しているからでしょう。問題は2年目以降で、この時期になると気のゆるみから生活習慣が大きく変化していくのです。

2. 生活習慣病は寿命に影響？

「海外生活を経験した人の平均寿命は短くなる」という学説が、医学界の一部でささやかれています。この理由は、生活習慣病は"サイレントキラー"と呼ばれており、自覚症状がないまま動脈硬化が進行し、日本人の死因の上位にある心筋梗塞や脳卒中を引きおこすためで

す。海外で生活習慣病を発病し、帰国後も同じ状態が続くと、最終的に心筋梗塞や脳卒中をおこす確率が高まるのです。そう考えれば「寿命が短くなる」という言葉も理解できるでしょう。

3. 健康診断で早期発見

　生活習慣病を予防するためには、海外滞在中も年に１回は健康診断を受けることをお勧めしています。日本に一時帰国して受けるのが理想ですが、最近では海外にも日本式の健康診断サービスを提供する医療機関が増えてきました。詳細は第４章Ｑ９を参照ください。

　また、毎週１回は自分で体重のチェックをしてください。この測定結果は、手帳などに記録しておくといいでしょう。もし、体重が増えていることに気づけば、早めに食事の量をコントロールするなどの調整をしてください。

4. 受診しなくなることによる悪化

　最近は赴任者が高齢化し、赴任前から生活習慣病をもっている人も多くなっています。このような人が滞在先で受診しなくなり、生活習慣病が悪化するケースも数多くみられます。日本では容易にできた通院でも、慣れない国の慣れない言語、慣れない医療機関を受診することはストレスに感じられ、通院しなくなることがよくあります。その結果、日本では上手にコントロールされていた生活習慣病が悪化するのです。

5. 定期的な受診が原則

　こうした事態を避けるため、日本で生活習慣病の治療を受けている人は、滞在中も治療を継続するようにしてください。滞在先の医療機関を受診して治療を受けるのが原則ですが、病状が落ち着いていれば、日本の主治医による治療を続けることでも対処できます。ただし、その場合は３〜４ヵ月ごとに帰国して受診することをお勧めします。また、日本の主治医による治療を続ける場合でも、滞在中に病状

が悪化することがあるので、いつでも滞在先の医療機関を受診できるように準備しておくことが大切です。

　滞在先で治療を受ける場合の出国前準備については第1章Q6を、滞在先で医療機関を探す時の方法は第4章Q10を参照ください。

図表 6-1 ◆海外赴任で生活習慣病が発症する仕組み

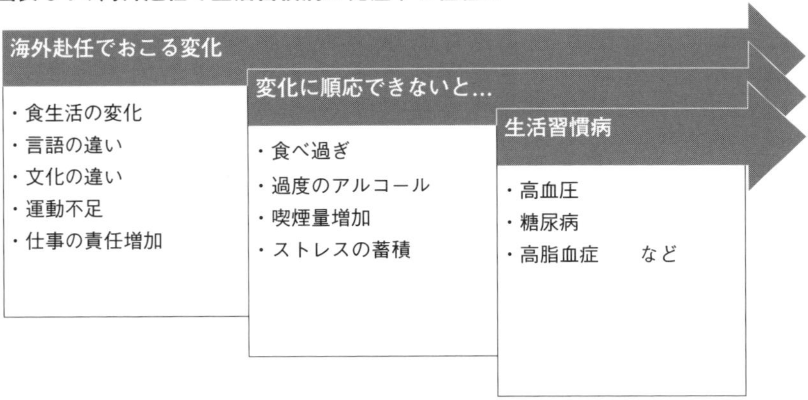

海外赴任でおこる変化	変化に順応できないと…	生活習慣病
・食生活の変化 ・言語の違い ・文化の違い ・運動不足 ・仕事の責任増加	・食べ過ぎ ・過度のアルコール ・喫煙量増加 ・ストレスの蓄積	・高血圧 ・糖尿病 ・高脂血症　　など

Q2 海外滞在中の食生活はどのようなことに気をつけたらいいですか？

A
海外での食生活には和食を多く取り入れましょう。和食は健康食として世界的に注目されています。できるだけ自炊をし、外食はなるべくひかえましょう。もし外食するなら腹八分目を心がけてください。

解説

1. 海外の食生活に潜む健康リスク

海外では、和食と比較して高脂肪・高カロリーで、肉中心の食事に偏りがちです。外食やファストフードの頻度も多くなり、必然的に野菜の摂取量も減ってしまいます。また、熱帯地域では食中毒を防ぐための工夫から、揚げ物が多くなる傾向にあります。さらに食事の配膳方法も、各人に取り分ける和食に対して、海外では大皿料理が多いことから、知らず知らずのうちに過食になってしまいます。

海外でよく用いられる調味料にも注意が必要です。たとえばプリン体の含有量を比較してみましょう（図表6-2）。和食代表の醤油は100g当たり45.2mgですが、タイ料理代表のナンプラーは100g当たり93.1mg（醤油の約2倍）、中華料理代表のオイスターソースは100g当たり134.4mg（醤油の約3倍）です。プリン体の過剰摂取は尿酸値を増加させ、痛風を引きおこします。

このようにして、海外生活では栄養のバランスが悪くなり、高脂血症や糖尿病といった生活習慣病を発病しやすくなるのです。それでは、どのような食生活を海外では心がけたらいいのでしょうか。

2. 和食の効用

2013年12月に「和食」がユネスコ無形文化遺産に登録され、世界中

から注目されています。ユネスコが評価した和食の特徴の一つに「健康的な食生活を支える栄養バランス」があります。一汁三菜を基本とした日本の食事スタイルは、理想的な栄養バランスを保ちます。一汁三菜とは、ご飯を主食とし、「一汁」はみそ汁、「三菜」は魚系の主菜、魚系または野菜系の副菜、野菜系または大豆系の副々菜という3品のおかずを表わしています。さらに、和食は昆布やかつお節を使ったダシのうま味を上手に使うことで過剰な味つけを回避し、動物性油脂の少ない食生活を実現できます。和食のうま味成分は満腹感を引き出し、食欲を抑えるのに効果的であるともいわれています。

図表 6-2 ◆調味料とプリン体

調味料	プリン体含有量
醤油 100g（和食）	45.2mg
白味噌 100g（和食）	48.8mg
ナンプラー 100g（タイ料理）	93.1mg
オイスターソース 100g（中華料理）	134.4mg

図表 6-3 ◆一汁三菜

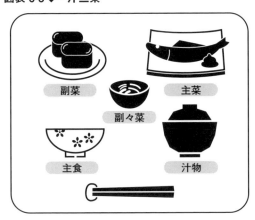

そして、和食は世界の中でも有数の発酵食品を使った料理でもあります。和食の発酵食品の特徴は、麹(こうじ)を用いた発酵です。味噌に醬油、酒やみりんなど、日本食に欠かせない味の決め手となるものはみな発酵食品です。発酵食品にはたくさんの効能がありますが、①消化吸収を早める、②栄養を体内に届ける、③免疫力が上がる、がその代表です。

　このように健康に効果のある和食を、滞在先の食材を上手に使いながら調理し、食べることこそが、生活習慣病の予防にはもっとも理想的といえるでしょう。

　さらに、一日三食をきちんと摂り生活リズムを整えましょう。早食い、まとめ食いはできるだけ避けてください。よく噛んで、適量の食事を摂取すると食べ過ぎを防ぐことができ、肥満防止につながります。

3. 外食時の注意点

　和食の効用や食生活の留意点はわかっていても、海外赴任中は、つき合いや仕事の関係でどうしても外食の機会が多くなります。そんな時には、肉料理よりは魚料理を選び、野菜を多く食べるよう心がけてください。肉料理を食べるならば牛肉や豚肉よりも、鶏肉を選ぶと摂取カロリーや脂肪の点で安心です。

　また、海外の料理は大皿、かつ量が多いことがよくあります。食事量は腹八分目が理想です。日本人の誇りでもある「もったいない精神」は、ご自身の健康のために海外生活中は一時的に捨て、料理を残すという選択も大切です。

コラム　病気の世界地図8

ベトナム・ホーチミン〜エスニック料理の罠

●本場のベトナム料理

　ホーチミンに医療機関調査で訪れた時のことです。調査の後、訪問先の病院関係者が食事に誘ってくれました。

　もちろんベトナム料理のオンパレード。春巻き、サテ、フォーなどの名物料理が続きます。私は日本でもベトナム料理をよく食べますが、本場の味がこんなに美味しいとは思いませんでした。さらに、この店の雰囲気のすばらしかったこと。

　ホーチミンを舞台にした映画といえば、私は『ディア・ハンター』（アメリカ、1978年）を思い出します。ロバート・デ・ニーロ主演のベトナム戦争を扱った作品ですが、そのクライマックスに、彼がこの町の賭場でロシアンルーレットに挑戦する場面が出てきます。このシーンに登場する店が、今回食事をした店ととてもよく似ていました。隣の席にデ・ニーロが座っていそうな、そんな気分になりました。

　ベトナム産のビール「バーバーバー」の酔いもまわってきたところで、同席していた現地のドクターが質問をしてきました。
「このビールの味は日本のビールに比べてどうですか？」
「少し濃い味がしますが、美味しいですよ」
「この町に住む日本人で痛風の発作をおこす人をよく診察しますが、このビールの影響があるかもしれません」

●尿酸値が高くなる飲み物

　痛風は血液中の尿酸値が増加しておこる病気です。尿酸は足の関節に沈着し、関節炎をおこします。この痛みはかなり強く、慌てて医療機関を受診する人もいるようです。そのほかにも痛風は動脈硬化や腎結石などの原因になります。

　尿酸値はプリン体と呼ばれる物質の多い飲食物を過剰摂取すると高くなります。食事としては肉や魚介類などがあげられますが、ビールにも多く含まれます。ビールは麦芽を原料としており、この麦芽にプリン体が多く含まれているのです。最近、日本では健康志向のため、プリン体を減らしたビールが増えていますが、東南アジアや中国ではプリン体が多いビールが出回っているようです。
「ベトナムのビールはプリン体が多いのですか？」
　私はコップに残っていたビールを飲み干しながら、ドクターに聞いてみました。
「製造会社は詳しく発表していませんが、その可能性はありますね」

●調味料にも潜む健康リスク

「ホーチミンは海鮮料理が多いから、それも尿酸値を高くする原因でしょうね」

食卓にあがったエビ料理に箸をつけながら、ドクターに聞いてみました。
「それもありますが、この調味料にも注意しないといけません」
　そう言って彼が手にしたのは「ニョクマム」という魚を発酵してつくった醤油でした。日本では大豆を原料として醤油をつくりますが、東南アジ

ホーチミンの市内

アでは魚醤油が主流になっています。有名なのはタイで使われる「ナンプラー」で、ここベトナムでは「ニョクマム」、フィリピンでは「パティス」と呼ばれています。
　では、魚醤油にはどんな健康への影響があるのでしょうか。実は、この調味料にもプリン体が多く含まれています。日本の大豆醤油に比べると、その量が倍近くになっています。日本の習慣で使ってしまうと、かなりの量のプリン体を摂取することになり、それが尿酸値を高くする原因になるのです。

● コーヒーの功罪

　食事も終わり、コーヒーが運ばれてきました。
「ベトナムコーヒーは日本でも人気です」
　私は日本でベトナムコーヒーの店が増えていることをドクターに話しました。いまやこの国のコーヒー生産高はブラジルに次いで世界第2位。重要な輸出品目になっています。
「そういえば、コーヒーで痛風の予防ができるという話はご存知ですか？」
　ドクターの問いかけに私はうなずきました。コーヒーには利尿効果がありますが、それによって体内で過剰になった尿酸を排泄できるというのです。ただし、水分も同時に摂取しないと、脱水状態に陥り逆効果になります。
　私はコーヒーによる痛風予防よりも、肉や魚を食べすぎないことや、ビールを飲みすぎないほうが効果的だと思います。また、日頃から水分を多めにとることも、尿酸値を下げるのには大切です。
　エスニック料理には生活習慣病の罠があることをお忘れなく。

（濱田篤郎）

Q3 海外滞在中の運動はどのように行なったらいいですか？

A
海外では運動不足になりやすいため、ジムやプールなどで積極的に体を動かしましょう。屋外での運動がむずかしい場合は、部屋の中でもできる筋トレやストレッチなどを行なってください。

解説

1. 生活習慣病と運動

　生活習慣病に対して、運動は図表6-4にあげるような効果があります。適度な運動をすることで一時的に血圧は上昇しますが、運動を継続して10週間後には血圧が5〜10mmHg低下するといわれています。特に注目されているのが、運動は体内のインスリンの働きを良くし、血糖が上昇するのを抑える効果がある点です。また、中性脂肪を減らし、HDL（善玉）コレステロールを増やす働きもあるといわれます。そして、体の余分な脂肪が燃焼されるようになり、肥満解消や生活習慣病の大敵であるストレスの解消にもつながります。

2. 海外生活による運動不足

　日本では、自宅周辺を散歩したりジョギングしたりと、時間を上手に利用すれば運動をする機会を得るのはさほど困難ではありません。

図表6-4 ◆運動から得られるメリット（生活習慣病との関連）

- 血圧の低下…適切な運動を継続することで、10週間後には約5〜10mmHg低下する
- 血糖が高くなるのを防ぐ…インスリン効果が上がる
- 脂質異常の改善…中性脂肪を減らし、HDL（善玉）コレステロールを増やす
- 肥満解消…体の余分な脂肪が燃焼される
- ストレス解消…生活習慣病の大敵であるストレスを減らす

しかし、海外ではさまざまな理由で運動不足に陥ってしまいます。

たとえば海外では治安や交通事情の問題から、車で移動することが多くなります。また、滞在先の気温が高すぎて、屋外で運動をすると体力を消耗してしまうこともあります。このように、気軽に運動をする環境ではないため、運動不足に陥ってしまうのです。

3. どんな運動がいいのか

海外で手軽にできるスポーツとしては、ゴルフがあげられます。歩行距離や時間も長く、仲の良い同僚や友人とプレイすればストレス解消にもなるでしょう。しかし、ゴルフは一日がかりのスポーツです。多くても週に1回程度になるでしょうから、トータルで考えると、これだけでは十分な運動量にはなりません。

そこで、スポーツジムで運動したり、プールでの水泳を習慣づけるほうが、運動不足の解消につながります。健康づくりのために適した運動時間は、毎日行なう場合、早歩きだと30分、軽いエアロビックダンスで30分、ゆっくりのクロールで30分、遅めのジョギングで30分などといわれています。運動の強度は「少し汗ばむ程度」、あるいは「人

写真12◆エジプトのスポーツジム

とおしゃべりしながら続けられる程度」がよいとされています。

　滞在先によってはスポーツに取り組みにくい環境もあります。そのようなときは、自宅で筋力トレーニングやストレッチ体操をするなどの工夫が必要です。筋肉はたまに動かすよりも、毎日こまめに動かすことで、徐々に大きくなります。大きな筋肉は痩せた筋肉より安静時のエネルギーを消費しやすいため、少しの運動でもその積み重ねが肥満防止に効果的なのです。

　こうした運動を続けるコツは、一人ではなく、友人や家族と一緒に行なうことです。おしゃべりをしながら運動を楽しむことが継続につながります。

4. どれだけの運動量が必要か

　万歩計をつけて毎日の歩数を確認することもお勧めです。結果が数字で示されるため、目標達成のために自然と体を動かすようになり、モチベーションも維持しやすくなります。最近は、歩数測定のほかに消費カロリーや歩行スピードの測定ができるものまで、多種多様な万歩計が出回っています。

　ちなみに、平成26年国民健康・栄養調査の概要（厚生労働省）によれば、日本人（20～64歳）の1日歩数平均値は男性7860歩、女性6794歩です。この10年間でみると、男性の1日の歩数はかなり減少していることが明らかになっています。厚生労働省の「健康日本21」で目標とされている日常生活における歩数は、20～64歳で男性9000歩、女性8500歩なので、国民全体として健康的な歩数からかけ離れてしまっていることがわかります。

　海外生活ではこれよりもさらに運動不足になるため、積極的に対応しない限り、歩数はさらに減少します。個人差もありますが、1日20～30分は歩行時間を確保することが必要なのです。

コラム　病気の世界地図9

ナイジェリア・ラゴス～世界一危険なウォーキング

●オバマ大統領のアフリカ訪問

　2009年にアメリカのオバマ大統領が西アフリカのガーナを訪問しました。この時、近隣の大国ナイジェリアはプライドを大きく傷つけられたといわれています。オバマ大統領の訪問は石油資源の確保が目的でしたが、ナイジェリアはアフリカ有数の産油国であり、訪問先に選ばれても不思議はなかったのです。

　訪問先から外れた理由として、この国の政情不安があげられていますが、世界有数の犯罪多発国であることも大きな要因だったようです。オバマ大統領はジョギングを日課としているそうで、「ナイジェリアでは自由に走れないから訪問しなかった」との噂もありました。もちろん厳重に警備されている大統領がジョギング中に襲われることはないでしょうから、いわゆるアメリカン・ジョークだったのかもしれません。

　この話を聞いて、私は2000年にナイジェリアのラゴスを訪れた時のことを思い出しました。この時は在留邦人の健康相談で訪問したのですが、オバマ大統領の噂話もジョークではないような気がしました。この国の治安はそれほどまでに悪く、在留邦人の健康面にも影響がみられたからです。

●石油の呪い

　私がラゴス空港に到着すると、自動小銃を携帯したガードマンに出迎えられ、彼の護衛する車で市内に向かいました。空港から市内に移動する間も、強盗が襲撃してくることがあるそうです。さらに、宿泊もホテルではなくゲストハウスでした。これもセキュリティ上の理由だそうですが、部屋の窓には鉄格子がはめ込まれており、刑務所に入っているような気分になりました。

　ナイジェリアはもともとイギリスの植民地で、独立したのは1960年のことです。しかし、国内に250以上の民族を抱え、北部はイスラム教、南部はキリスト教と宗教対立もあり、統一が大変むずかしい国でした。このため、クーデターによる政権交代を周期的に繰り返してきたのです。さらに、この国の南部では1950年代から石油が採掘されていましたが、その利権をめぐって内戦が絶えませんでした。石油から得られる収入の大半は使途不明金として消え、それが原因で政治腐敗や治安の悪化も加速しました。石油が産出されれば国民が豊かになると考えますが、逆の結果になってしまったことから、現地の人々は「石油の呪い」と呼んでいます。

●肥満になる人が多い

　このような生活環境のラゴスにも日本からの駐在員が滞在しており、私がこの町

を訪問した目的も、こうした方々の健康相談を行なうためでした。日頃、現地の医療機関にかかる機会が少ないため、たくさんの相談希望者があり、早朝から夜遅くまで対応しました。相談内容としては下痢やマラリアなど感染症関係が多かったのですが、相談を受けていて、肥満の人が多いことに気づきました。

　海外生活を通じて肥満になる人はよくいますが、その原因は食生活の問題にあるようです。そこで、相談を受けた人に日頃の食生活について聞いてみると、ほとんどの人は日本食を食べていると答えていました。多くの日本人が現地の家政婦を雇い、この家政婦に日本食の調理方法を教えているそうです。こうした日本食を毎日食べていれば、食生活の問題で肥満になることは少ないと思います。

　次に肥満の原因として考えられるのが運動不足です。案の定、相談者の多くが「運動はしていません」と答えていました。この町での移動手段は百パーセント車で、町中にスポーツクラブのような施設もないそうです。

● ウォーキングしたら殺される

　そこで、健康相談終了後に参加者を大きな会場に集めて、肥満予防のための即席講演会を開催しました。肥満が誘発する生活習慣病の恐ろしさを説明してから、対策としてウォーキングを勧めたのですが、終了後に一人の参加者が立ち上がって次のような意見を言いました。

「先生！　生活習慣病で死ぬのは何年か先でしょうが、この町でウォーキングなんかしたら、すぐ強盗に殺されちゃいますよ」

　たしかに、この町で車を使うというのは安全面の理由からでした。治安の問題が大きいからこそ運動不足になり、ストレスも溜まって食べすぎてしまう。それがこの町で肥満が多い原因でした。私が困った顔をしていると、別の参加者が助け舟を出してくれました。

「家の中で運動をするのはどうですか。私はルームランナーで毎日15分走っています。筋トレなんかもいいですよ」

　これ以来、私は治安の悪い町で生活している日本人に生活指導をする時は、家の中でできる運動を勧めています。

　オバマ大統領がナイジェリアを訪問しなかった話を聞いた時、私の記憶の中ではこの時の苦い思い出が浮かんできました。

（濱田篤郎）

Q4 海外滞在中、飲酒や喫煙に関して気をつけることは何ですか？

A
　海外滞在中は飲酒量や喫煙量が増える傾向にあり、健康に大きな影響を与えます。お酒は飲みすぎに注意し、適量を心がけましょう。また、喫煙している人は海外赴任を機に禁煙することをお勧めします。

解説

1. 海外生活では飲酒量が増える

　海外で生活していると飲酒する機会が増えます。たとえば欧米諸国では食事の際、アルコールを水代わりに飲む文化があります。フランスのワインがこの典型といえるでしょう。中国では、仕事相手との信頼関係を築くために、互いが酩酊するまで酒を酌み交わす習慣があります。

　また、日本でも夏場は冷えたビールの消費が増加するように、1年中暑い熱帯地域に滞在すると、ビールなどを飲む機会が増えてきます。さらに、海外滞在中にはさまざまなストレスがかかるため、飲酒量が増えるケースも多くなります。

2. アルコールの健康への影響

　アルコールの摂取は、血圧を一時的に下げますが、長期間にわたって多量のアルコールを飲み続けると、交感神経の活動が活発化するなどして、高血圧の原因になります。また、アルコールに含まれるカロリーにより体重が増加することや、塩分の多いつまみを摂ることも高血圧につながる要因です。

　さらに、多量のアルコールは、不整脈や心不全などの心臓病、脳出血やクモ膜下出血などの脳血管障害の原因になります。また、アルコ

ール性肝障害や痛風をおこすなど、全身に負担をかけてしまいます。
　その一方、ほどほどの飲酒はストレス解消につながり、生活習慣病にさほど大きな影響を与えないといわれています。通常、持病のない人の適量は純アルコールで1日20ｇ程度の飲酒といわれています（図表6-5）。飲酒量をわきまえ、たしなむ程度がよいのです。

3. 喫煙の健康への影響と禁煙

　喫煙に関しても、海外で生活するとストレスから量が増えてしまいがちです。

　喫煙も健康への影響が数多くありますが、血圧を一時的に上昇させ、動脈硬化を促進します。動脈硬化になってくると心血管系に負担がかかり、心筋梗塞や脳卒中を誘発します。

　また、たばこには4000種類以上の化学物質が含まれており、そのうち60種類が発がん性物質です。たばこが原因といわれる癌は、咽喉頭がん、肺がん、食道がん、胃がん、肝臓がん、すい臓がん、膀胱がん、子宮頸がんなど数多くあります。ほかにも、たばこは糖尿病や胃潰瘍、骨粗鬆症、慢性閉塞性肺疾患、インポテンツ、うつ病などにも関係します。

　さらに、白髪や脱毛、しわやたるみが増え、歯や歯茎が黄色く変色し、口臭が発生するなど、実年齢よりかなり老けた「スモーカーズフェイス」といわれる顔貌になってしまいます。たばこで一時的なスト

図表6-5◆健康な人の飲酒適量

純アルコールで1日20g程度（20g相当）の例
・ビール中ビン1本 500ml 相当
・日本酒1合 180ml 相当
・焼酎25度 110ml 相当
・チューハイ7度の350ml缶1本
・ウイスキーダブル1杯 60ml 相当
・ワイン2杯 240ml 相当

レス解消を得られるかもしれませんが、何ひとつ身体にいいことはありません。

　日本にいると禁煙活動が盛んに行なわれているようにみえますが、先進国の間では、「日本はたばこを吸いやすい国」という認識がされているようです。たとえばアメリカでは多くの建物内、飲食店が喫煙禁止になっています。また、喫煙者は自己管理ができない者とみなされるという話もよく聞きます。

　2020年の東京オリンピック・パラリンピック開催に向け、世界の風潮と合わせて、今後は日本でもさらに分煙から禁煙にシフトしていくと考えられます。海外赴任者としても、この機会を利用し、禁煙することをお勧めします。

第7章
小児の健康

Q1 海外で子どもにおこりやすい健康問題には何がありますか？

A 子どもが海外でかかりやすい病気には、カゼ、気管支炎、肺炎などの呼吸器疾患や、嘔吐、下痢をおこす胃腸炎などがあります。また、現地特有の気候による病気、ケガ、メンタル面の障害にも注意が必要です。

解説

　子どもが海外でかかりやすい病気には、カゼ、胃腸炎があります。また、気管支炎、肺炎、手足口病、みずぼうそう、おたふくかぜなどもよくみられます。すなわち、日本にいる時と病気の種類はあまり変わりません。このため、予防には外出後の手洗いやワクチンの接種が基本になります。

　これ以外に海外生活に特有な健康問題や病気を紹介します。

1. 気候の変化による健康問題

　熱帯地域に滞在する子どもは、デング熱など現地特有の感染症にも注意が必要です。デング熱は蚊が媒介する感染症であり、流行シーズンには虫よけなどで予防しましょう。

　また、現地の気候に応じた健康管理にも心がけましょう。たとえば高温多湿の気候では熱中症になりやすいので、屋外で長時間遊ばないことです。また皮膚病も多くなるので皮膚を清潔に保つことが必要です。

2. ケガへの注意も忘れずに

　子どもで重篤になりやすい健康問題の一つに、ケガがあります。日本でも海外でも、ケガは子どもの健康をおびやかす最大の要因です。

具体的には、乳幼児期の子どもでは、家庭内での誤飲や転倒、やけどなどの事故が多くみられます。さらに海外では、住宅やマンションにプールが備え付けられていることもありますので、おぼれないように注意が必要です。

3. メンタル面のケア

　学童期の子どもでは、文化環境や学習環境の変化などでストレスが溜まり、メンタル面の不調をきたすことがあります。子どものメンタル障害は、食欲不振や登校拒否という症状で表われることもあるので注意が必要です。日頃から、子どもとコミュニケーションをとり、ストレスを解消してあげるようにしましょう。

Q2 子どもを海外に連れていく前に健康面で準備すべきことは何ですか？

A
子どもを海外に連れていく時期は一般に生後3～4ヵ月以降が安全です。出発前には健康状態のチェックや携帯医薬品の準備をしてください。また、持病のある子どもについては早めに担当医にご相談ください。

解説

子どもを海外に連れていく際に必要な準備について解説します。予防接種については本章のQ3とQ4を参照ください。

1. 子どもは何歳から海外に連れていけるか

海外に子どもを連れていくには航空機に搭乗する必要があります。多くの航空会社は子どもが搭乗可能な年齢を生後1週間からとしていますが、具体的には首のすわる生後3～4ヵ月以降が安全な時期です。ただし、滞在する国により、最適な渡航時期は変わります。途上国で衛生状態の悪い国に滞在するケースでは、ある程度の定期予防接種が終了する時期がいいでしょう。

2. 健康状態のチェック

大人は海外赴任前に健康診断を受けますが、子どもについても健康状態や発達のチェックを受けておくことをお勧めします。詳細は第1章Q3を参照ください。また、お子さんは虫歯の有無など、歯のチェックを受けておくこともお勧めしています。

3. 携帯医薬品の準備

解熱剤など頻繁に使う薬は、日本で使い慣れたものを持参するようにしましょう。赤ちゃん用の爪切りや綿棒などの衛生用品も準備して

写真 13 ◆タイの小児科待合室

おくと便利です。また、一般向けの育児書や医学書を持参すると、応急処置をする時に役立ちます。携帯医薬品の詳細については第1章Q5を参照ください。

4. 持病のある子どもの対応

持病のある子どもに関しては、早めに担当医と相談をしましょう。相談項目としては、「いまの状態で、海外で生活できるかどうか」「フォローや治療の継続を海外で行なうのか、日本国内で一時帰国時に行なえばよいのか」などがあげられます。

出発前には、担当医から英文の紹介状を書いてもらいましょう。現地で医療機関を受診する際の大切な情報になります。紹介状には病名と簡単な経過、服用している薬の名前などを記入してもらってください。紹介状の雛形については第1章Q6の図表1-6を参照ください。

Q3 子どもの定期予防接種はどのように進めたらいいですか？

A

海外に子どもを帯同する場合は、出発前まで日本の定期予防接種スケジュールに従い年齢月齢相応に接種を受けます。あとは滞在する国の予防接種スケジュールに従い継続しましょう。また、英文の予防接種証明書を持参することをお勧めします。

解説

子どもの定期予防接種については、出発までは日本のスケジュールに従い年齢月齢相応に接種を受けてください。海外に到着したら、滞在する国の予防接種スケジュールに従い、継続します。

1. 定期予防接種をできるところまで受ける

子どもを海外に連れていく場合、まずは日本で接種できる年齢月齢相応の定期予防接種を優先して行ないます。任意接種であるおたふくかぜ（流行性耳下腺炎）ワクチンも年齢相応に接種することをお勧めします。

定期予防接種の途中で出発する場合は、日本で接種できるところまで受けて、あとは滞在する国の予防接種スケジュールに従い接種するのが基本です。出発前に、スケジュールを前倒しして接種を受ける必要はありません。

「日本と海外では定期予防接種のスケジュールが異なるのではないか？」「ワクチンの種類が違ってもいいのか？」などの疑問をもたれる方もいるでしょう。しかし心配はいりません。定期予防接種の種類や接種スケジュールは、日本でも海外でもあまり変わらないからです。

2. 英文の予防接種証明書を持参する

出発前には、日本で接種したワクチンの種類と回数を記載した英文の予防接種証明書を医師に作成してもらってください（図表7-1）。

予防接種証明書とは、それまでに受けた予防接種歴（接種時期／回数）の証明書です。現地で追加接種する場合や、インターナショナルスクールや現地校に入学する場合に役に立つことがあるほか、現地でワクチンを継続する時に役立ちます。

3. 海外の学校に入学する時に必要な予防接種

子どもをインターナショナルスクールや現地校に入学させる時には、一定の予防接種を終了していることが条件となることがあります。その場合、日本の定期予防接種だけでは種類や回数が足りないことが多いようです。入学を拒否されることはありませんが、現地の医師に相談し、早めに不足分を接種してください。出国前に入学する学校の状況がわかっていれば、足りない分を国内で接種しておくこともできます。

図表7-1 ◆予防接種証明書（例）

month/ day / year

Immunization Record

1) Name(First, Family) : Taro Toko
2) Sex : Male
3) Nationality : Japanese
4) Date of Birth : month/ day/ year
5) Type and Date of Vaccination

Type	Dose	Date of Vaccination (month/ day/ year)	Remarks
BCG	1st	02/ 22/ 2014	
DTaP	1st	12/ 20/ 2013	DTaP
	2nd	01/ 28/ 2014	DTaP
	3rd	02/ 22/ 2014	DTaP
	4th	02/ 26/ 2015	DTaP
Hib	1st	11/ 20/ 2013	Act-HIB®
	2nd	12/ 20/ 2013	Act-HIB®
	3rd	01/ 28/ 2014	Act-HIB®
	4th	02/ 26/ 2015	Act-HIB®
Pneumococcal	1st	11/ 20/ 2013	PCV13
	2nd	12/ 20/ 2013	PCV13
	3rd	01/ 28/ 2014	PCV13
	4th	02/ 26/ 2015	PCV13
Polio	1st	12/ 20/ 2013	IPV
	2nd	01/ 28/ 2014	IPV
	3rd	02/ 22/ 2014	IPV
	4th	02/ 26/ 2015	IPV
Measles	1st	09/ 23/ 2014	MR
	2nd		
Mumps	1st	09/ 23/ 2014	
	2nd		
Rubella	1st	09/ 23/ 2014	MR
	2nd		
Varicella (Chicken pox)	1st	10/ 25/ 2014	
	2nd	12/ 20/ 2015	
Rota	1st	11/ 20/ 2013	Rotarix®
	2nd	12/ 20/ 2013	Rotarix®
Hepatitis B	1st	11/ 20/ 2013	
	2nd	12/ 20/ 2013	
	3rd	06/ 01/ 2014	
Hepatitis A	1st	05/ 20/ 2016	HAVRIX® 720
	2nd		

I herewith certify that the immunization record of the above person was officially registered.
Doctor's Signature

Shinji Fukushima M.D.
病院名　・・・・Hospital
住所　・・・・, Shinjuku, Tokyo 160-　　　, Japan
Tel: +81-3-0000-0000　Fax: +81-3-0000-0000

Q4 子どもへの渡航者向けワクチンはどのように接種したらいいですか？

A
子どもへの海外渡航者向けワクチン（トラベラーズワクチン）の接種は、大人に準拠して行ないます。ただし、子どもの場合はいくつかの留意点があるのでご注意ください。

解説

1. 子どもへの接種の留意点

子どもへの海外渡航者向けワクチンの接種は大人に準拠して行ないますが、子どもに接種する場合は、以下の点に留意してください。

〔破傷風トキソイド〕

子どもは、定期予防接種の三種（ジフテリア、百日咳、破傷風）もしくは四種（ジフテリア、百日咳、破傷風、ポリオ）混合ワクチンで接種しているので、破傷風トキソイドのみで追加接種をする必要はありません。年齢月齢相応に三種混合や四種混合ワクチンを接種しているか確認してください。

〔A型肝炎ワクチン〕

A型肝炎は、子どもが感染しても症状は軽いと考えられています。しかし、水や食べ物などを通じてかかりやすい感染症であることから、途上国に渡航する子どもにはA型肝炎ワクチンの接種を推奨します。主に1歳以降に接種します。

〔B型肝炎ワクチン〕

2016年10月から日本の予防接種スケジュールでも定期予防接種になりました。途上国、先進国問わず、子どもにはB型肝炎ワクチンの接種を推奨します。

〔狂犬病ワクチン〕

　滞在先の生活環境（特に動物との接触頻度）や医療事情により接種を検討します。子どもは動物に近寄っていく可能性が高いため、大人よりも接種が推奨されています。歩き始める1歳以降に接種します。

〔日本脳炎ワクチン〕

　日本脳炎は、アジアで流行している蚊に媒介される感染症です。日本では定期予防接種なので、海外渡航の有無にかかわらず年齢月齢相応に接種しますが、アジアの流行地域へ渡航する場合には、積極的に接種をお勧めしています。生後6ヵ月から接種可能です。

〔黄熱ワクチン〕

　黄熱ワクチンは弱毒生ワクチンです。生後9ヵ月未満の子どもには副反応が出やすいので接種できません。接種できる医療機関は、検疫所などに限定されており、早めに問い合わせや予約をしてください。

〔髄膜炎菌ワクチン〕

　髄膜炎菌は飛沫感染し、菌血症や髄膜炎などをおこすことがあります。このため髄膜炎菌ワクチンは、アフリカなどの高度流行地域へ渡航する子どもや、アメリカ等の学校に入学するためワクチン接種を要求されている子どもに、接種をお勧めしています。

〔腸チフスワクチン〕

　腸チフスは飲食物からかかる感染症で、南アジアやアフリカでは感染のリスクが高くなります。高度流行地域に渡航する子どもは受けておくと安心です。なお、日本では腸チフスワクチンは市販されていませんが、輸入しているトラベルクリニックなどで接種が可能です。

2. 小児用予防接種の優先順位

　海外渡航する子どもには、まずはルーチンワクチンの接種を行ないます。ルーチンワクチンとは日本の定期予防接種に相当し、年齢月齢相応の接種を実施します。日本では任意接種であるおたふくかぜ（流

行性耳下腺炎）ワクチンも接種しておくことを推奨します。このルーチンワクチンがある程度終了した段階で、渡航国や地域、渡航目的に応じて、渡航者向けワクチンを接種します。

図表 7-2 ◆ 小児用の渡航者向け予防接種

	主な接種対象	備考
黄熱	アフリカ、南米へ渡航する小児	・生後 9 ヵ月以上の小児
A 型肝炎	途上国に渡航する小児	・主に 1 歳以上の小児に推奨
狂犬病	・出国前に接種する対象 　高度流行国や咬傷後の迅速な処置が困難な地域に渡航する小児 ・咬まれた後に接種する対象 　狂犬病のリスクがある国・地域で哺乳動物に咬まれた小児	・曝露前接種は、ライフスタイルを考慮する ・主に 1 歳以上の小児に推奨
日本脳炎	アジアへ渡航する小児	・日本の定期予防接種でもある ・生後 6 ヵ月から接種可能
髄膜炎菌	赤道周辺のアフリカへ渡航する小児 欧米諸国へ留学する学生	・日本では 2〜55 歳の年齢で効果が確認されている
腸チフス	南アジア、アフリカへ渡航する小児	・日本では未承認

Q5 現地での健康管理や病気への対応で心がけることは？

A

　現地で病気をしたり、ケガをした時のために、日頃からホームドクターを決めておくとよいでしょう。また、子どもは突然、病気になったり、ケガをすることが多いことから、夜間や休日に受診可能な病院も把握しておくと安心です。自分でも病気について調べられるように一般向けの医学書を持参することや、ネット環境を整えることも役立ちます。

解説

　子どもは体調を崩す頻度が高いので、日頃の健康管理や病気になった時の準備をしておくことが大切です。

1. ホームドクターを決めておく

　子どもは、発熱や咳、嘔吐といった突発的な病気やケガの頻度が高いため、一般向けの育児書や医学書を持参したり、ネットで調べられるようにしておきましょう。応急処置などの際に役立ちます。子どもの救急時に役立つインターネットのサイトを図表7-3に示します。

　また、普段からホームドクターを決めて、健康管理をお願いしておきましょう。ただし、病気やケガは平日の昼間だけにおこるとは限りません。夜間や休日に受診可能な病院も調べておくと安心です。ホームドクターの探し方は第4章Q3を参照ください。

2. 使い慣れた医薬品を持参する

　海外赴任したばかりの時期は、環境の変化にともない、子どもは病気やケガをしがちです。生活に慣れるまでは、現地で必要な医薬品を入手することも困難であるため、解熱剤など頻繁に使う薬は、日本で

使い慣れたものを一定数持参するようにしましょう。携帯医薬品の準備については第1章Q5を参照ください。

3.育児サークルの活用

海外でも日本人の多い都市では、現地の在留邦人が中心になって育児サークルが運営されています。こうした日本人の子ども同士のふれ合いは、知育面において有意義であるとともに、保護者にとっても育児の不安を解消したり、情報交換をするための場になります。滞在する町に日本人の育児サークルがあれば、ぜひ活用ください。

図表7-3◆子どもに関する役立つサイト

サイト	URL	備考
日本小児科医会国際部	http://www.jpaic.net/	オンライン医療相談では、海外在住の方々からの小児科領域の質問に国際部委員が中心となって回答している
日本小児科学会	http://www.jpeds.or.jp/	小児科医の学会ホームページ。予防接種や救急に関する一般向けのページもある
With Kids	https://www.withkids-kaigai.com/	海外に住む子どもたちの心の健康をサポートする

第8章
帰国前後の健康管理

Q1 海外赴任から帰国する際の健康上の手続きを教えてください

A

滞在先のホームドクターに現地で受けた医療の記録を作成してもらいましょう。帰国後は日本の健康保険の加入手続きをするとともに、健康診断を早めに受けてください。子どもの定期予防接種の継続については、小児科医に相談しましょう。

解説

海外赴任が終了し帰国が決まると、仕事の整理や引っ越しの準備などで大変忙しくなります。送別会などが増えて体調を崩してしまうことも多くなるため、健康面に注意しながら準備を進めることが大切です。また、健康上の手続きを忘れずにしておきましょう。

1. 医療記録の準備

海外滞在中に受けた「病気の治療」や「予防接種」などの医療記録を準備しましょう。特に子どもについては、滞在中に受けた定期予防接種の記録が必要です。ホームドクターがいる人は、そのドクターに依頼すると作成してくれます。書類は日本語にする必要はありませんが、英語で作成してもらってください。ホームドクターがいない場合は、それぞれの医療を受けたドクターに作成を依頼しましょう。

なお、海外では自分の検査結果は自分で管理することが原則なので、担当医から検査伝票や放射線フィルムなどを渡されることがあります。これらの記録も大事に保管しておきましょう。

2. 処方薬は多めに持参

滞在先の医療機関で処方を受けている場合は、多めに処方してもらってください。帰国後は仕事が忙しくなり、医療機関を受診する時間

がなくなるからです。また、滞在先で処方されている薬が日本でも入手できるかを、滞在先の主治医などに確認してもらいましょう。

3. 帰国後の健康面の手続きと健康診断

日本に帰国してまず行なうのが、健康保険の加入手続きです。海外滞在中も継続して加入している人は必要ありませんが、加入していない場合は、早めに手続きを済ませてください。

また、海外で病気の治療を受けていた人は、国内で適切な医療機関を探してください。会社の産業医に相談するのもいいでしょう。

日本の法律では、仕事で海外に6ヵ月以上滞在した人に健康診断を義務づけています。帰国したら、早い時期に自身の健康状態についてチェックを受けてください。なお、この法律は赴任者本人が対象ですが、配偶者が同行していれば同様の健康診断をお勧めします。

4. 子どもの予防接種

子どもは帰国後に小児科を受診し、定期予防接種をどのように継続するかを相談してください。定期予防接種は海外ですでに十分な種類や回数を受けていることが多いのですが、日本脳炎ワクチンのように海外では接種しないワクチンもあります。なお、日本の小児科を受診する際には、海外で作成してもらった定期予防接種の記録を忘れずに持参ください。

図表8-1 ◆帰国前後の健康チェックリスト

帰国前	□滞在先で受けた医療記録（治療や予防接種）を準備しましたか □子どもの場合、滞在先で受けた定期予防接種の記録を準備しましたか □薬を飲んでいる人は多めに処方を受けましたか
帰国後	□日本の健康保険に加入しましたか □帰国後の健康診断を受けましたか □持病がある場合、適切な国内の医療機関を受診しましたか □子どもの場合、定期予防接種の継続について小児科医と相談しましたか

Q2 帰国後の体調管理はどのようにしたらいいでしょうか？

A 海外から帰国後は疲労のため体調不良をおこす人をよく見かけます。また、日本の仕事や生活に適応できずにメンタル面の不調をおこすこともあります。帰国後はゆっくりと日本の環境に慣れるように体調管理をしてください。

解説

帰国後は気候などの環境が変化するため、体調不良に陥ることがよくあります。また、仕事の面でも日本のシステムや習慣に慣れるまでにストレスが多くなります。あまり急がず、ゆっくりと日本の環境に再適応するようにしてください。

1. 1週間は休暇をとる

帰国した直後は、引っ越しや長距離の移動で予想以上に疲労が蓄積しています。また、気候が変化することでカゼもひきやすくなっています。さらに、日本に帰国したという安堵感から、アルコールを飲みすぎてしまうことも少なくありません。

こうした要因が重なり、帰国後に体調を崩す人はかなり多くみられます。帰国して1週間程度は、日本での生活の準備期間として休暇をとるようにしてください。この間にカゼの症状などがあれば、早めに受診するようにしましょう。

2. 仕事や生活面での再適応

日本に帰国してみると、仕事や生活の面で海外と大きな違いを感じる人が多いようです。仕事のペースが海外と日本では違い、日本スタイルの生活パターンに馴染めない人もいます。「海外のほうがよかっ

た」と感じる人も少なくないのです。このような環境の変化がストレスになり、帰国後にメンタル面の不調をおこすこともあります。

　帰国後は、あまり慌てずに、時間をかけて日本での仕事や生活の様式に適応するようにしましょう。半年くらいの時間がかかるものと考え、少しずつ慣れるようにしていきます。

3. 感染症に関する注意

　途上国に滞在した人は、帰国後１～２ヵ月間は感染症の発病に注意してください。発熱や下痢がみられた場合は早めに医療機関を受診し、検査を受けるようにしましょう。この時、担当医には途上国から帰国したばかりであることを伝えることが大切です。

　なお、入国時に体調が悪い場合は空港の検疫に申し出てください。医師の診察や簡単な検査を受けることができます。

4. 体を総点検して再出発に備える

　本章Ｑ１で紹介したように、日本の法律では長期の海外赴任から帰国した人に健康診断を義務づけています。しかし、こうした法律に定められた健診項目だけではなく、健康面の総点検を受けることをお勧めしています。まずは人間ドックなどの詳しい検査を受けておきましょう。また、海外滞在中に受診できなかった健康面の問題があれば、日本の医療機関で診察を受けてください。

　このように帰国後は体を総点検したうえで、新たな生活をスタートしていただきたいと思います。

第9章
地域別情報

1 東アジア

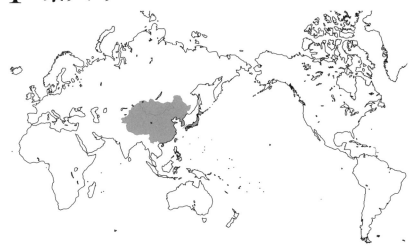

1. 環境と生活

　日本（北海道を除く）を含む東アジア東部の海岸地域は温帯湿潤気候であり、高温多湿な夏、低温で乾燥した冬など四季があります。西部の内陸地域は一般に乾燥しやすいステップ気候、北部（中国北部、朝鮮半島北端、北海道）は年間降水量が少なく、冬季の気温低下が著しい亜寒帯気候です。

　この地域の文化は、中国文化を中心として、太平洋由来のポリネシア文化、東南アジアの文化、オホーツク経由の北方文化などが融合し各国独自に形成されてきました。食文化としては、「米が主作物で粒食とする」「調味料などは大豆を原料とする」などの共通点があります。また、中国・朝鮮半島では比較的肉食を好み、日本では野菜、豆料理や海産物が好まれる傾向があります。

2. 医療情報

　大都市では医療水準が高く、英語や日本語で受診できる医療機関が増えています。特に上海では多くの日本人医師も診療をしています。

しかし、高度医療が必要な場合は日本への帰国が勧められるケースもあります。

地方都市や郊外では医療水準が低く、外国人対応が可能な医療機関は少ないのが現状です。応急処置以上の医療が必要な場合は大都市に移動するか、日本への帰国を推奨します。

3. 感染症情報

感染経路	リスクのある感染症
1. 経口感染	旅行者下痢症、A型肝炎、腸チフス
2. 蚊が媒介	デング熱、日本脳炎、マラリア（中国南部）
蚊以外の昆虫が媒介	ダニ：重症熱性血小板減少症候群（中国、日本）
3. 動物から感染	狂犬病、鳥インフルエンザ
4. 傷口から感染	破傷風
5. 血液・体液から感染	B型肝炎、C型肝炎、HIV感染症、梅毒などの性感染症
6. 患者から感染	結核、インフルエンザ、麻疹

4. 推奨する予防接種

	A型肝炎	B型肝炎	破傷風	狂犬病	日本脳炎	ポリオ	腸チフス	その他
短期滞在	○	—	△	△	—	—	—	—
長期滞在	○	○	○	○	△	—	△	麻疹△

注：○推奨、△リスクに応じて推奨

コラム　病気の世界地図10
中国・北京〜大気汚染の健康対策

●音楽を聞いているような空

　2013年秋に中国の北京を訪れた時のことです。現地在留邦人に感染症の講義をするのが目的でしたが、参加者からは大気汚染に関する質問がたくさん寄せられました。たまたま訪問した日は青い秋空が広がっていましたが、この町を覆う空はいつも鉛色で、そこから降り注ぐ汚染物質に人々は戦々恐々としていました。

　大気汚染の代名詞にまでなった北京でも、かつては抜けるような青空がみられていました。それが洋画家・梅原龍三郎の1942年の代表作「北京秋天」に描かれています。北京飯店の高層階にある客室からの眺めとされるこの作品について、彼は「秋の高い空に興味をもった。何だか音楽を聞いているような空だった」と語っています。

●3つの大気汚染メカニズム

　この町で大気汚染が進行してきたのは1990年代のことです。当時、中国では開放政策が順調に進み、経済発展の兆しが見えていました。そんな中、北京では人口が大きく増加し、冬場の石炭使用が加速します。これが大気汚染の第一の原因でした。加えて、2000年代には車の台数が急増し、車の排ガスが大気汚染の第二の原因になります。

　そして、北京にはもう一つ、潜在的な大気汚染の原因がありました。それは、町の西方にあるゴビ砂漠の存在です。偏西風のため砂漠は東の方向に延びる傾向があり、この影響でゴビ砂漠は少しずつ北京に近づいているのです。そのため、砂漠から吹き付ける砂嵐が北京では年々強くなっています。

●大気汚染の健康への影響

　こうした大気汚染が健康に影響を及ぼすことはある程度予想されていましたが、それが明らかになるのは、2011年に北京のアメリカ大使館がPM2.5の濃度測定を開始してからです。PM2.5とは大気汚染によって生じる微粒子で、吸い込んでしまうと肺の奥まで到達し、呼吸器や循環器の病気をおこします。この濃度が2013年1月には基準値の10〜20倍に達していることが明らかになったのです。

北京の天安門

大気汚染による健康への影響として、肺気腫や気管支喘息など肺の病気がある人は、それが悪化する可能性があります。普段、健康な人でも、カゼをひきやすくなるとか、アレルギー性鼻炎をおこすなどの健康被害が生じます。さらに2013年にWHOの研究機関は、PM2.5に発癌性があり、この微粒子を長期間にわたり吸い込むと、肺癌などを発病するリスクが高くなることを報告しました。

●北京オリンピックで活躍した喘息患者

　では、具体的にどのような対策をとったらいいのでしょうか。PM2.5の肺への侵入を防ぐためには、N95という分厚いマスクを着用するしかありません。しかし、このマスクは着用しただけで息苦しさを感じるほどで、一日中着けていることは非現実的です。このため、日本でも花粉症の季節に使う紙マスクを用いることになりますが、その効果は「使わないよりはいい」といった程度です。そうなると、大気中のPM2.5濃度が高い日は外出をひかえるというのが、もっとも効果的な対策になります。

　在留邦人の中には気管支喘息を持病としている人も少なくないようで、その悪化を心配する声も数多く聞かれます。そのような時に私は、2008年の北京オリンピックで経験したエピソードを紹介しています。

　当時は大会前から、「大気汚染が選手の健康に影響を及ぼすのでは」と心配されていましたが、気管支喘息を持病としながらも活躍した日本選手がいました。たとえば女子柔道の谷本歩実選手は大会2週間前にも発作をおこしたものの、吸入薬を使いながら、金メダルを獲得しました。女子ソフトボールで金メダルに輝いた峰幸代選手も、治療薬を上手に使って発作を抑えていました。日頃の治療を続けていれば、大気汚染の中で試合をしても栄冠に輝ける。そんな心強いメッセージを彼らは残したのです。

●北京秋天を再び

　北京での講演会を終え、私は宿泊するホテルの窓から、あらためて北京の町並みを眺めてみました。先ほどの青空は消え去り、再び鉛のような雲が空を覆っています。遠くに紫禁城が広がる景色は「北京秋天」に似た構図ですが、あの絵に描かれていたような青空がないと、この町の魅力は半減してしまいます。

　日本でも高度経済成長期の1960年代に大気汚染が社会的に大きな問題になりましたが、現在の日本には青空が戻っています。この先、北京でも環境対策を充実させれば、「音楽を聞いているような青空」を取り戻すことはできると思います。

（濱田篤郎）

本コラムは日本在外企業協会の『月刊グローバル経営』（2016年3月号）に掲載した原稿を一部修正しました。

2　東南アジア

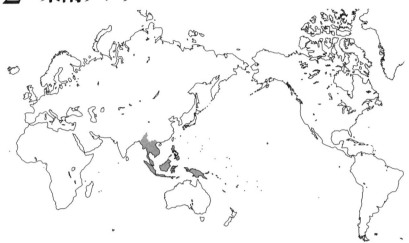

1. 環境と生活

　この地域は赤道を中心に南北に広がる地形で、熱帯雨林気候と熱帯モンスーン気候に属します。島嶼部では1年中降水量が多く、大陸部やインドシナ半島はモンスーンの影響を受けて雨季と乾季があります。雨季はインドシナ半島やフィリピンが6～10月、インドネシアやシンガポールは10～翌3月です。

　高温多湿な環境では汗疹や虫刺されなどの皮膚トラブルがおきやすく、また、特に都市部では、屋内の強力な冷房と外気温の差で、カゼなどの呼吸器症状が時期を問わず多くみられます。

　文化的には中国とインドの中間地帯にあり、双方の影響のもと独自の歴史的発展を遂げてきた国が多く、多彩な文化を有しています。食文化も、日本人にもなじみのあるエスニック料理をはじめ、多種多様な食生活がみられ、共通点として「油を多用する」「スパイシーなものが多い」「大陸部では香菜を多用する」「味つけに魚醤を使う」などがあげられます。食べた量の割にカロリー過多になりやすいので注意

が必要です。

2. 医療情報

　バンコク、クアラルンプールなどの都市では医療水準も高く、英語や日本語で利用できる医療機関が増えています。こうした医療機関でプライマリ・ケアを受けることはできますが、高度医療が必要な場合は日本への帰国をお勧めします。なお、シンガポールでは多くの日本人医師が診療しており、ある程度の高度医療が受けられます。

　いずれの国でも、地方都市や郊外では医療水準が低く、外国人に対応可能な医療機関が少ないのが現状です。

　現地での妊娠管理や出産については、大都市では医療技術面での不安は軽減されてきていますが、母子の健康状態、出産や子育てに関する考え方、慣習の違いやサポート体制など総合的な検討が必要です。

3. 感染症情報

感染経路	リスクのある感染症
1. 経口感染	旅行者下痢症、腸チフス、A型肝炎
2. 蚊が媒介	デング熱、チクングニア熱、ジカ熱、日本脳炎、マラリア
マラリア情報	主に郊外の森林などで流行しており、都市部やリゾート地域での流行はほとんどありません。ただし、インドネシアの東部（イリアンジャヤなど）やラオスは広範囲で流行しています
3. 動物から感染	狂犬病、鳥インフルエンザ
4. 傷口から感染	破傷風
5. 血液・体液から感染	B型肝炎、C型肝炎（特にベトナム、タイ）、HIV感染症、梅毒などの性感染症
6. 患者から感染	結核、インフルエンザ、麻疹

4. 推奨する予防接種

	A型肝炎	B型肝炎	破傷風	狂犬病	日本脳炎	ポリオ	腸チフス	その他
短期滞在	○	―	△	△	―	―	△	―
長期滞在	○	○	○	○	△	―	○	麻疹 △

　注：○推奨、△リスクに応じて推奨

コラム　病気の世界地図11

マレーシア・クアラルンプール〜熱帯生活とエイジング

● **急増するロングステイヤー**

　東南アジア諸国の中でもマレーシアは経済発展の特に著しい国です。首都のクアラルンプールは、熱帯雨林の中にありながら高層建築がそびえるという、近未来的な景観を呈しています。

　この町には日本からのビジネスマンが数多く滞在していますが、最近は日本からのロングステイヤーの数も増えているそうです。ロングステイヤーとは、定年後に余暇を目的に海外に長期滞在する人たちのことで、マレーシアではこの目的で滞在する日本人の数が急増しています。

　マレーシアがロングステイヤーに好まれる理由としては、日本で支給される年金でも余裕のある暮らしができる経済状況に加え、気候が温暖なこと、治安がよいこと、英語が公用語になっていることなどがあります。

● **若返りのパワー**

　私もこの町の日本人会を訪れたことがありますが、高齢のロングステイヤーが中心になり、さまざまなサークル活動や教養講座、コンサートなどのイベントが開催されていました。それは、大学でのキャンパスライフを彷彿とさせるようなアクティビティーの高さです。

　ご高齢の日本人がこんなに元気なのは、この町に若返りのパワーが潜んでいるのかもしれません。その一つが、クアラルンプールの気候ではないかと思います。この町は一年を通して最高気温が32℃前後で、最低気温も20℃以下になることはありません。気温が下がると、高齢者は骨や関節などの痛みをおこしますが、この町で暮らしていればそういった訴えは少なくなり、日常生活の活力も増してきます。また、暖かい気候は気分を高揚させることから、それも若返り効果の一つといえるでしょう。

　さらに、この町には四季がないことも若返りの一因になっているようです。季節の移り変わりは私たちに時の流れを感じさせますが、それがなくなると、時間がとまったような気分になります。ただし、これは精神面だけの効果で、肉体的な老化は進んでいきます。まさに浦島太郎の物語を彷彿とさせる現象なのです。

● **熱帯での老化速度**

　それでは、クアラルンプールでの生活が肉体的な老化にどれだけ影響を及ぼすのでしょうか。

　まず、熱帯では紫外線の強いことが老化を加速させる原因になります。たとえば皮膚の老化。紫外線によりシミやシワなどの変化が生じやすいことはよく知られて

います。また、過度の紫外線は白内障の原因にもなります。このため、熱帯に滞在する時は、皮膚の露出をできるだけひかえ、サングラスなどで目を保護することが大切です。

　食事の面にも老化を加速させるリスクがあります。たとえば、マレーシアでよく食べられている「ナシレマ」は、米をココナッツミルクで炒めた料理ですが、日本食に比べて、カロリーがかなり高くなります。また、肉や魚は感染予防のため加熱することが多く、この時に油を使うため、脂肪分も高くなります。こうした高カロリー、高脂肪の食事を毎日摂っていると動脈硬化が進み、老化が加速するのです。そこで、現地に長期滞在する日本人には、日本食を食べる習慣を続けることをお勧めしています。

●**アンチエイジングに挑戦しよう**

　このように、クアラルンプールに高齢者が滞在すると、精神的には若返る一方で、肉体的な老化は進む可能性がありますが、こうした健康上のリスクを抑えながら生活すれば、心身ともに若返ることができます。

　そして、もう一つ老化を防ぐために欠かせないのが、現地の医療機関の存在です。持病があっても現地で継続的な治療を受けられれば、肉体的な老化を防ぐことができます。クアラルンプールではこうした医療機関が充実しており、それが、この町で日本人ロングステイヤーの増えている要因にもなっています。

　仕事で熱帯の国に滞在する方も、ロングステイヤーの健康術を取り入れて、アンチエイジングに挑戦してみましょう。

（濱田篤郎）

クアラルンプールの中心部

3 南アジア

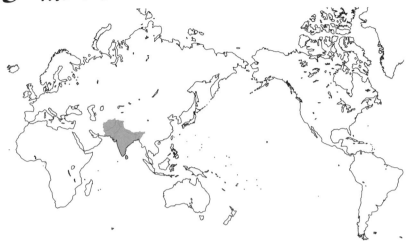

1. 環境と生活

 パキスタンとアフガニスタンの大部分は乾燥した砂漠気候、その他の地域はおおむね高温多湿な気候帯にあります。高温多湿な環境では汗疹や虫刺されなどの皮膚トラブルがおきやすく、また、衛生管理が不十分になりがちで、経口感染症も多くみられます。なお、この地域の雨季は6〜11月です。

 古来より多くの外来民族が出入りし、交易や文化交流が盛んだった歴史的背景から、民族・言語・宗教は多様で、地域差・階層差が大きいという文化的特徴があります。食文化も宗教の影響が大きく、特に食肉はヒンズー教では牛肉、イスラム教では豚肉が制限されています。主食はインドを東西でほぼ二分するように、米食（東部）と粉食（西部）に分かれています。その他の特徴として、香辛料や豆を多用し、インドが原産地である紅茶がよく飲まれています。

2. 医療情報

 インドの大都市では比較的医療水準が高く、英語で利用できる私立

医療機関が増えています。こうした医療機関でプライマリ・ケアを受けることは可能ですが、高度医療が必要な場合は日本や東南アジアに移動することが勧められます。

それ以外の地域では医療水準が低く、衛生管理や設備も不十分なことが多いようです。応急処置は受けられますが、それ以上の処置が必要な場合は大都市や日本に移動することをお勧めします。

3. 感染症情報

感染経路	リスクのある感染症
1. 経口感染	旅行者下痢症、腸チフス、A型肝炎、E型肝炎、ポリオ
2. 蚊が媒介	デング熱、チクングニア熱、日本脳炎、マラリア
マラリア情報	主に郊外の森林などで流行しており、都市部での流行はあまりありません。インドでは東部（オリッサ州など）に多く、都市で発生することもあります
3. 動物から感染	狂犬病
4. 傷口から感染	破傷風
5. 血液・体液から感染	B型肝炎、HIV感染症、梅毒などの性感染症
6. 患者から感染	結核、インフルエンザ、麻疹

4. 推奨する予防接種

	A型肝炎	B型肝炎	破傷風	狂犬病	日本脳炎	ポリオ	腸チフス	その他
短期滞在	○	―	△	△	―	―	○	―
長期滞在	○	○	○	○	△	△	○	麻疹 △

注：○推奨、△リスクに応じて推奨

コラム　病気の世界地図12

パキスタン・イスラマバード〜点滴は町の薬局で

●テロリストの透析

　2011年5月に、パキスタン北部のアボッタバードで、アルカイダのビン・ラーディンがアメリカ軍により殺害されました。

　彼は2001年の同時多発テロ以来、10年近くもパキスタン周辺で逃亡生活を続けていましたが、この間、彼は腎臓の病気で透析治療を受けていました。この治療には透析装置だけでなく、点滴、抗菌薬、輸血などの治療薬が必要になります。こうした高度な医療機器や医薬品を、アメリカ政府の厳しい捜索をかいくぐり、パキスタンでどのように入手していたのでしょうか。この謎を解く鍵として、私が以前、パキスタンのイスラマバード近郊を訪れた時に見た異様な光景を紹介します。

●国立病院は医薬品不足

　私がパキスタンを訪問したのは、同時多発テロがおこる前の1997年のことです。首都イスラマバードの国立病院を視察するのが目的でした。イスラマバードは1960年代に建設された人工的な町で、その一画の広大な敷地に国立病院の建物がありました。病院が建てられた当時は日本政府からの資金援助があったそうで、建物自体は大変に美しく立派ですが、院内に入ると貧しい患者たちであふれていました。パキスタンに限らず途上国の国立病院は医療費が安いため、受診者はその国の貧困層が中心になります。このため、日本人が受診するのはなかなかむずかしいとされていますが、この病院もそんな状況でした。

　病院の事務長に案内してもらいながら院内を見学していると、薬局がありました。薬品庫を見せてもらうと、点滴や抗菌薬などの医薬品がかなり少なくなっています。その理由を事務長が次のように説明してくれました。

「いま、わが国の財政は大変厳しく、とても医療にまで手がまわりません。かつては、この薬品庫にも薬がたくさんありましたが、残念ながら、いまはこんな状況です」

「これだけ薬が少ないと、この病院で満足な治療は受けられませんね？」

　私の質問に事務長は次のように答えました。

「これ以上の医薬品が必要だったら、町の薬局から自分で買ってくることです。うちの入院患者の中にも、町から薬を買ってくる人がいますよ」

●薬局で見た異様な光景

　そこで、私は病院の事務長とイスラマバード近郊にある薬局を見学に行ってみました。店内には現地製の薬とともに、欧米ブランドの薬もたくさん売られています。すると、横にいた女性客が抗菌薬の箱をとって薬局のレジに向かいました。そして、医師の処方箋を出すこともなく、いとも簡単にその薬を買っていったので

す。

　パキスタンだけでなく途上国では医薬品に関する規制が緩く、抗菌薬や睡眠薬など日本では医師の処方箋が必要な薬も、お金さえ払えば入手できます。
「もっと、驚く光景があります」
　事務長が指さす方向を見て、私はギョッとしました。店の奥でお客さんが点滴を受けているのです。この店では注射薬も購入できるそうで、それを店員に点滴してもらっていました。日本のコンビニエンスストアにも、購入した食品をその場で食べられるコーナーがありますが、この国にはそのようなシステムが薬局にもあるのです。

●医薬品入手の裏道

　こうした医薬品の規制が緩いことは、副作用の被害が多発する原因になりますが、もう一つ問題になっているのが抗菌薬の効かない耐性菌の発生です。これは、抗菌薬の乱用でおこるもので、最近、南アジアで急増しています。このような問題を解決するには、医薬品の規制強化が必要ですが、こうした裏道のあることも、この国の医療を支えているのです。

　そして、ビン・ラーディンもこのような裏道を利用して、透析治療のための医療機器や医薬品を入手していたようです。彼が最後に潜伏していたアボッタバードには、陸軍士官学校の病院や赤十字病院などがあり、パキスタン北部の医療拠点になっていました。それだけに、この町では医薬品が入手しやすかったのでしょう。

（濱田篤郎）

イスラマバードのファイサル・モスク

4　中東

1. 環境と生活

　広大な砂漠が広がる地域で、1年の半分はまったく降雨がなく、大変乾燥しています。気温の日内変動や室内外の気温差も大きく、喘息などの呼吸器疾患やアトピー性皮膚炎などは特に注意が必要です。この地域の暑季は6〜9月、寒季は12〜翌2月です。

　文化的には、全般的にイスラム教の影響が強いものの、地域によってその度合いが異なり、マナーや習慣に違いがみられます。食文化も地域により異なりますが、一般論として羊肉料理が中心で、油類・香辛料が多用されることが共通点です。味つけは、基本的には辛いことは少なく、唐辛子を使う地域はごくわずかです。

2. 医療情報

　UAE（アラブ首長国連邦）やイスラエル、トルコなどの都市部には医療水準が高く、設備の整っている医療機関があり、高度医療を受けることも可能です。ただし、医療費は欧米並みに高額な場合があります。また多くの国の都市部には、ある程度の医療水準で外国人が利

用しやすい医療機関があり、プライマリ・ケアを受けることが可能ですが、高度医療が必要な場合は西欧や日本などに移動して受けることをお勧めします。

3. 感染症情報

感染経路	リスクのある感染症
1. 経口感染	旅行者下痢症、腸チフス、A型肝炎
2. 蚊が媒介	デング熱、西ナイル熱、マラリア（イラン南部、トルコ南部、イエメン）
マラリア情報	イラン、トルコは南部の森林などで5〜10月に流行します。イエメンでは郊外で流行しており、都市部での流行はほとんどありません
3. 動物から感染	狂犬病、中東呼吸器症候群（MERS）、鳥インフルエンザ
4. 傷口から感染	破傷風
5. 血液・体液から感染	B型肝炎、HIV感染症、梅毒などの性感染症
6. 患者から感染	結核、インフルエンザ、麻疹、髄膜炎菌性髄膜炎

4. 推奨する予防接種

	A型肝炎	B型肝炎	破傷風	狂犬病	日本脳炎	ポリオ	腸チフス	その他
短期滞在	○	ー	△	△	ー	ー	△	髄膜炎菌 △
長期滞在	○	○	○	○	ー	ー	△	髄膜炎菌 △ 麻疹 △

注：○推奨、△リスクに応じて推奨

コラム　病気の世界地図13

トルコ・イスタンブール〜イスラム教禁忌の医学的意味

●ロマンチックな町

　トルコのイスタンブールは仕事で何度か訪れたことがあります。東洋と西洋の文化が交差するこの町にはロマンチックな雰囲気が漂っており、映画の舞台としてもたびたび登場してきました。そんなイスタンブールもイスラム教国の町であるため、日本人には不思議に感じる習慣が至るところにみられます。その一つに飲酒が禁じられているという習慣があります。

　2006年にこの町を訪れた時にも、お酒の絡むちょっとした出来事がありました。仕事を終えたあと、夕食に美味しいビールが飲みたくなり、宿泊していたホテルの前にあるレストランに入りました。ところがメニューを見てもアルコール類が記載されていません。店の主人によれば、「うちは地元のお客さんが中心なのでアルコールは出しません」とのこと。そこで隣の外国人向けの店をのぞくと、そこにはエフェスというトルコ産のビールがおいてありました。

●飲酒は鞭打ちの刑

　イスラム教の戒律の厳しい国では飲酒を強く禁じており、それに違反した者には鞭打ちの刑が科されることもあります。一方、トルコは戒律が比較的緩いため、飲酒がある程度許されています。特に外国人は比較的自由に飲酒できます。

　実は、イスラム教が普及する前の中東地域では、ブドウやナツメヤシを蒸留してつくる酒が広く飲まれていました。トルコにはいまも「ラク」という地酒がありますが、これもその当時から残る酒です。アルコール度数が約50%とかなり高いため水で割って飲みます。

　このように古代の中東地域では強い酒が飲まれていたため、酔っ払いが暴力をふるったり、物を壊したりする事件が多発していたそうです。それを抑えるために、イスラム教の開祖であるムハンマドは、布教する際に飲酒を禁じたとされています。

●豚は不浄な動物

　もう一つ、イスラム教で禁忌になっているのが豚肉を食べることです。

　豚は8000年以上前にイノシシを家畜化して生まれた動物で、古代エジプトなどでは豚肉をよく食べていたそうです。これを最初に禁じたのがユダヤ教で、その習慣が同じ中東に発祥したイスラム教に引き継がれてきました。

　それでは、ユダヤ教でなぜ豚肉を食べることを禁じたかというと、それは豚が不浄な動物だからです。牛や羊は草食性なのに比べて、豚は雑食性です。この特性を生かして、豚は古代からごみ処理用にも飼われていました。その結果、豚の体内にはさまざまな病原体が寄生するようになったのです。

たとえば、サナダムシの一種である有鉤条虫。この寄生虫の幼虫は豚の筋肉内に潜んでおり、それを加熱せずに食べると、人の腸の中で数メートルにも及ぶ巨大な成虫になります。さらに、この成虫が産んだ幼虫は全身に転移し、脳や皮膚にたくさんの腫瘍をつくります。その結果、患者は麻痺や痙攣など重篤な症状をおこすのです。もう一つは旋毛虫。こちらも豚の筋肉内に幼虫が潜んでおり、豚肉を加熱せずに食べると感染します。この寄生虫も全身の筋肉に転移をおこし、命を落とすケースもあります。

　このように、豚肉を食べると重篤な寄生虫症に感染する危険性があるので、ユダヤ教やイスラム教では豚肉を禁忌にしたと考えられています。ただし、豚肉でも火を十分に通して食べれば、寄生虫も死滅するので心配はいりません。

● **犬も不浄な動物**

　ユダヤ教やイスラム教では犬も不浄な動物とされていますが、これは、狂犬病を予防するためではないかと考えられています。この効果で、サウジアラビアなどイスラム教の戒律の厳しい国では、狂犬病の患者が大変少なくなっています。

　犬は人類が狩猟生活をしていた頃に、オオカミから家畜化された動物です。猟犬や番犬として活躍していましたが、人類が農耕生活に入ってからは、その役割が減っていきました。それに代わって活躍するのが猫です。猫は農耕生活で収穫される穀物をネズミから守るため、ヤマネコから家畜化されました。

　猫の家畜化が初めて行なわれたのが古代オリエントとされています。この頃、犬は本来の役割を終えて、愛玩動物として飼育されるようになりますが、狂犬病という致死的な病気の感染源になるため、しだいに不浄な動物として扱われるようになったのです。この教訓がユダヤ教を経て、イスラム教に受け継がれていきました。

　イスラム教の禁忌には、人類が長い歴史の中で学んできた医学的な教訓が数多く隠れています。

（濱田篤郎）

イスタンブールのボスポラス海峡

5 アフリカ

1. 環境と生活

　大陸の北部は広大なサハラ砂漠が広がる乾燥した砂漠気候です。中央部は赤道直下が高温多湿の熱帯雨林気候、それを囲む地域が乾燥したサバナ気候やステップ気候です。大陸の南部は西側（ナミビアなど）が乾燥した砂漠気候、東側（マダガスカルなど）は雨の多い熱帯モンスーン気候、最南端の南アフリカは地中海性気候と多様です。

　赤道周辺はマラリアや黄熱が流行しており、特に雨季には注意が必要です。雨季は、東部アフリカが4〜6月と10〜11月、西部アフリカが4〜10月、南部アフリカが10〜翌3月になります。

　文化的には、北アフリカ文化圏、西アフリカ文化圏、東アフリカ文化圏に大別されます。いずれの地域も、脱植民地化のあとに内戦や紛争が続き、政情が不安定な国が多いことに加え、貧困、インフラの未整備、感染症の蔓延などの問題も多くみられます。しかし、豊富な天然資源の輸出などにより近年は経済成長が続いています。

　食文化は先住民族の伝統に外来民族が持ち込んだ調理法などが相ま

って非常に多彩です。主な食材は、その地で栽培された雑穀、果物、野菜と、牧畜による肉や乳製品です。主食はキャッサバなどのイモ類のほか、トウモロコシの粉を加工したものが主流ですが、西部アフリカでは一部地域で稲作が行なわれ、コメが食されています。

2. 医療情報

　南アフリカ共和国には医療水準、衛生環境、設備が整備された医療機関があり、ある程度の高度医療までは受けることができます。またエジプトやケニアなどの都市部にも医療水準が高く、外国人も利用しやすい医療機関があります。こうした医療機関でプライマリ・ケアを受けることはできますが、高度医療が必要な場合は南アフリカ共和国や西欧などに移動することが勧められます。

　それ以外の国では、医療機関があっても医療水準が低く、衛生管理や設備も不十分な状況です。応急処置は受けられますが、それ以上の処置が必要な場合は南アフリカ共和国や西欧などに移動することになります。

3. 感染症情報

北部アフリカ（エジプト、モロッコなど）

感染経路	リスクのある感染症
1. 経口感染	旅行者下痢症、腸チフス、A型肝炎
2. 蚊が媒介	西ナイル熱
3. 動物から感染	狂犬病、鳥インフルエンザ
4. 傷口から感染	破傷風
5. 血液・体液から感染	B型肝炎、C型肝炎、HIV感染症、梅毒などの性感染症
6. 患者から感染	結核、インフルエンザ、麻疹

中部アフリカ（ケニア、ガーナなど）・南部アフリカ（南アフリカ、ザンビアなど）

感染経路	リスクのある感染症
1. 経口感染	旅行者下痢症、腸チフス、A型肝炎、ポリオ
2. 蚊が媒介	デング熱、チクングニア熱、西ナイル熱、マラリア、黄熱
マラリア情報	中部アフリカでは都市（ナイロビを除く）を含む国内全域で流行しています。南部アフリカ（南アフリカを除く）では11～6月に流行します
3. 動物から感染	狂犬病、鳥インフルエンザ、エボラ熱（中部アフリカ）、ラッサ熱（中部アフリカ）
4. 傷口から感染	破傷風
5. 血液・体液から感染	B型肝炎、C型肝炎、HIV感染症、梅毒などの性感染症
6. 患者から感染	結核、インフルエンザ、麻疹、髄膜炎菌感染症、エボラ熱（中部アフリカ）

4. 推奨する予防接種

北部アフリカ（エジプト、モロッコなど）

	A型肝炎	B型肝炎	破傷風	狂犬病	日本脳炎	ポリオ	腸チフス	その他
短期滞在	○	―	△	△	―	―	△	―
長期滞在	○	○	○	○	―	―	△	麻疹 △

注：○推奨、△リスクに応じて推奨

中部アフリカ（ケニア、ガーナなど）・南部アフリカ（南アフリカ、ザンビアなど）

	A型肝炎	B型肝炎	破傷風	狂犬病	日本脳炎	ポリオ	腸チフス	その他
短期滞在	○	―	△	△	―	―	△	黄熱 ○（中部） 髄膜炎菌 △（中部）
長期滞在	○	○	○	○	―	△	○	黄熱 ○（中部） 髄膜炎菌 ○（中部） 麻疹 △

注：○推奨、△リスクに応じて推奨

コラム　病気の世界地図14

エジプト・カイロ〜騒音と静寂の町

●不眠症の夜

　エジプトの首都カイロを訪れたのは1990年代後半のことでした。現地医療機関の調査が目的でしたが、歴史好きの私としては、ピラミッドのあるカイロに滞在するというだけで、出発前から気分が高揚していました。

　カイロ空港からホテルに到着したのは午後11時。それから荷物の整理をしてベッドに入ったのは午前1時を過ぎていました。ところが、目がパッチリと覚めてしまい眠れません。この時、日本は朝の時間帯だったので、時差ボケで不眠になってしまったようです。

　仕方ないと思いながらベッドの上で横になっていると、もう一つ、不眠の原因があることに気づきました。それは周囲から聞こえる騒音です。深夜だというのに、通りを走る車のクラクションや町を歩く人の話し声が、部屋の中にまで響き渡っています。私はティッシュペーパーで即席の耳栓をつくり、それを耳の中に押し込みました。

●騒音公害

　途上国の町では騒音公害が大きな問題になっていますが、カイロはその影響が特に強いようです。2007年にエジプト国立研究所が行なった調査では、カイロ市内の騒音レベルは1日平均で90デシベル。これは工場内で1日過ごしているのと同じ騒音状態になります。WHOは85デシベル以上の騒音で健康面への影響が生じるとしており、そのレベルを超えているわけです。健康面への影響というのは、聴力の低下やストレスによるメンタル障害、そして不眠症などがあげられます。

　カイロでこれほど騒音が強い理由は、工業地域と住宅地域の区別がないためとされています。カイロはナイル河畔の狭い場所に広がった町なので、都市計画がされていないことが大きな原因のようです。これに加えて文化的な影響もありますが、その代表的なのが車のクラクション。日本ではよほどのことがないとクラクションを鳴らしませんが、この町ではちょっとしたことで使います。それは車同士の挨拶代わりといってもいいでしょう。

カイロの中心部

●静寂のピラミッド

　翌朝、眠い目をこすりながら町を歩いていると、突然、広場の拡声器から男性の声が大音量で鳴り出しました。あたりを歩いていた人たちは、ひざまずいて、お祈りを始めます。これがイスラム教の「アザーン」という礼拝を呼びかける声で、1日に5回流れます。この呼びかけも騒音をおこす原因の一つなのでしょう。

　その日の午後、念願のピラミッドを見学しました。カイロ郊外のギザには3つの巨大ピラミッドがあります。古代エジプト・第4王朝のファラオたちの墓で、紀元前2500年頃に建造されたものです。この中でもクフ王のピラミッドは高さ145mにものぼり、世界でもっとも高い古代建築物の一つにあげられています。

　カイロはナイル川の東岸に広がる町として7世紀にイスラム教徒によって建設されました。それまでは東岸に町がなく、西岸にギザだけがありました。そこには、カイロができるずっと前から、巨大なピラミッドがそびえていたのです。

　このピラミッド周辺の静かなこと。周囲には砂漠が広がりますが、風の音しか聞こえません。すぐ近くにカイロの町が迫っていても、その騒音はピラミッドまでは届かないのです。砂漠のように乾燥している場所では、音の伝わり方が悪くなるため、砂漠がカイロからの騒音の洪水を防ぐ防波堤になっているわけです。

　7世紀までは現在のカイロ中心部も、こうした静寂だけに覆われていました。ピラミッドはファラオの墓地であり、その魂を弔うにはもってこいの場所だったのです。しかし、この地にイスラム教徒がカイロを建設すると、そこはエジプトの中心として発展するとともに、騒音の町になっていきました。

●カイロの魅力

　夜になりカイロに戻ると、現地の友人がベリーダンスショーの行なわれるレストランに連れていってくれました。中東風の音楽が演奏される中、少し太めの女性が踊る姿はなかなか妖艶です。バックに流れる音がかなりうるさかったのですが、私も丸一日カイロに滞在していると、騒音に慣れてきたようです。気がつけば友人と大声で話をしていました。

「今晩、君のホテルをピラミッド近くの静かな場所にとることもできますが、昨日と同じカイロ市内でいいですか？」

「もちろん。先ほど耳栓も買ってきました。カイロのホテルなら、もう一軒、飲みに行くこともできますね」

　カイロは騒音に包まれた町ですが、そこには砂漠の静寂にない魅力があります。それは、生きている者が放つ活気や妖艶さが充満しているためではないかと思いました。

（濱田篤郎）

6 西欧

1. 環境と生活

　西欧は高緯度にありながら、大部分は穏やかな気候です。北部のスカンジナビア半島付近は亜寒帯気候で温度が低く、降雪もあります。一方、南部の地中海沿岸およびポルトガルは地中海性気候で夏は日差しが強く乾燥します。

　西欧は産業や文化の牽引役となってきた歴史もあり、経済水準の高い国がほとんどです。食文化は古代より肉食を中心とし、中世にはパンが誕生し、いわゆる洋食の原点になりました。また、アジアやアフリカとの交易により、香辛料や茶、コーヒーなどが普及しました。味つけは塩、胡椒をベースに、乳製品やスパイス、ハーブを加えたものが基本になっています。

2. 医療情報

　医療水準、病院の衛生環境や設備などは、ほとんど問題なく、高度医療まで受けることができます。ただし、いずれの国も医療費は高額になるので、医療保険への加入が勧められます。

公的医療保険が多くの国で整備され、外国人も在留期間など条件が合えば加入できます。こうした保険を利用すると、医療費の負担が少ない反面、予約がとりづらいなどの不便な面も生じます。また、歯科治療および保険適用外の受診は非常に高額であることから、在留邦人は民間の医療保険を利用することが多いようです。

3. 感染症情報

感染経路	リスクのある感染症
1. 経口感染	旅行者下痢症
2. 蚊以外の昆虫が媒介	ダニ：ダニ媒介性脳炎（ドイツ、オーストリアの草原や森林地帯）
3. 動物から感染	狂犬病（動物の感染はあるがヒトの患者はまれ）
4. 傷口から感染	破傷風
5. 血液・体液から感染	HIV感染症
6. 患者から感染	インフルエンザ、麻疹

4. 推奨する予防接種

	A型肝炎	B型肝炎	破傷風	狂犬病	日本脳炎	ポリオ	腸チフス	その他
短期滞在	—	—	△	—	—	—	—	—
長期滞在	—	—	○	—	—	—	—	ダニ媒介性脳炎 △ 麻疹 △

注：○推奨、△リスクに応じて推奨

コラム　病気の世界地図15

フランス・パリ〜12月の雨が運ぶ病

●ルノワールの名画

　パリは学会などで何回か訪れています。2004年には現地の病院を調査するため数日間滞在しました。時期は12月のクリスマス直前。町全体が色鮮やかなデコレーションで飾られていました。

　滞在中、少し時間が空いたのでオルセー美術館を見学することにしました。印象派の傑作が並ぶこの美術館で、私が特に見たかったのがルノワール（1841〜1919年）の作品です。晩年に描かれた豊満な裸婦像もいいですが、私が好きなのは30代の頃の傑作「ムーラン・ド・ラ・ギャレットの舞踏会」です。モンマルトルの丘にあるその名のカフェで、彼の友人たちがパーティーを楽しんでいる様子が臨場感たっぷりに描かれています。

　ルノワールは40歳代まで、この絵のようにパリの日常を描いた作品を数多く世に送り出してきました。しかし、50歳代になると作風が変化し、暖色を用いた裸婦像が多くなります。実は、この頃から彼はリウマチにかかり闘病生活を送っていたのです。

●12月の雨

　美術館を出て地下鉄の駅に向かって歩いていると、雨が降り始めました。私は傘をもっていなかったので、着ていたコートを頭からかぶり、近くのカフェに飛び込みました。熱いコーヒーをすすりながらカフェの窓越しに町を見ていると、雨に濡れたクリスマスのデコレーションがロマンチックな気分にさせます。

　フランスなど西ヨーロッパの天気は、北大西洋を流れる暖流の影響を受けます。ここから生じる湿った空気により、一年を通して雨がよく降りますが、高い山脈がないので大雨になることは少なく、ほとんどが霧雨です。年間の降水量は東京に比べて少ないものの、12月だけみると東京よりも雨が多くなっています。東京は12月に晴れが続きますが、西ヨーロッパでは雨の日が多くなるのです。

パリのモンマルトル

　私はカフェをあとにし、隣のショッピングセンターで折りたたみ傘を買いました。この傘がなんとも貧弱なつくりで、とてもファッションの町・パリで買った傘

とは思えません。雨傘なら日本製のほうがずっとファッショナブルだと思いました。

あとで聞いた話ですが、西ヨーロッパでは雨の日に傘をさす人があまりいません。雨あしが強くないので、レインコートやアノラックを着て、雨露をしのぐことが多いそうです。

●雨の降る日に増える病気

買ったばかりの傘をさして病院に到着すると、玄関で事務長が出迎えてくれました。この病院は現地に滞在する日本人がよく利用しており、建物や設備が立派なだけでなく、各分野で一流のドクターが診察にあたっています。

「ようこそいらっしゃいました。きょうは雨が降っているので、病院が大変に混み合っています」

事務長によれば、この時期、雨の日にはリウマチや気管支喘息など慢性疾患の患者が多くなるそうです。このリウマチという言葉を聞いて、私は先ほどのルノワールを思い浮かべました。彼も冷たい雨の降る日には辛い思いをしたことでしょう。

リウマチは手足の関節に慢性の炎症をおこす病気で、関節のこわばりや、強い痛みを生じます。日本にも60万人以上の患者がいますが、最近は新しい薬が開発され、多くの患者が元気に暮らせるようになりました。しかし、ルノワールの時代は治療法がほとんどなく、手足がしだいに変形し、悲惨な経過をたどったのです。リウマチの痛みが特に強くなるのが、この日のように冷たい雨の降る日でした。

●太陽への憧れ

事務長の案内で外来を見学していると、彼の説明のようにリウマチ科の待合室は患者さんで一杯になっていました。

この病気は長い年月をかけて進行しますが、ルノワールが最初にリウマチの症状に気づいたのはパリに住んでいた40歳代後半とされています。この頃から少しずつ手の指のこわばりや痛みが出ていました。そして、彼の症状が強くなるのが50歳代半ばで、これ以降は絵筆を握るのも辛かったそうです。

この時代の彼の絵には、暖かい日の光が裸の女性を照らすといった構図が多くなります。これは、彼自身が太陽の光に憧れを感じていたからかもしれません。このため彼は60歳を過ぎてから、フランス南部に移住しています。

院内を見学したあと、事務長から日本人の受診状況について説明を受けました。パリに滞在している日本人は、日本と気候が違うことに気づかず体調を崩す人が多いそうです。とりわけ12月は要注意。リウマチの悪化もさることながら、雨に濡れてカゼをひいたり、気管支喘息が悪化したりする人が多いとのこと。

滞在先の気候を知ることは健康管理のうえで重要な鍵なのです。

（濱田篤郎）

7　東欧、ロシア

1. 環境と生活

　東欧は高緯度にありながら、大部分は穏やかな気候地帯です。一方、ロシアの東部を占めるシベリアは亜寒帯気候で温度が低く、冬季は寒さが厳しくなります。

　東欧は古くより民族や宗教が混在すると同時に、幾多の戦争を経て独立、発展を遂げてきました。ソビエト連邦崩壊後はロシアとの関係を抱えながらも、西側との連携を強めるという不安定な状況にあります。

　食文化においても、近隣諸国からの影響を受けながら各国の料理が成り立ってきました。寒冷な内陸国が多いため、穀類、ジャガイモ、肉類、乳製品が食材として多用され、煮込み料理が多いのが特徴です。

2. 医療情報

　医療水準、病院の衛生環境や設備など、国によって格差があります。多くの都市部には外国人が利用しやすい私立の医療機関がありま

すが、入院や高度な治療が必要な場合は、西欧や日本への移動を検討すべきです。

なお、医療機関によっては英語での対応が不十分なこともあるので、使用言語を確認しておくとよいでしょう。

3. 感染症情報

感染経路	リスクのある感染症
1. 経口感染	旅行者下痢症、腸チフス、A型肝炎
2. 蚊以外の昆虫が媒介	ダニ：ダニ媒介性脳炎（春から夏にかけて発生）、ライム病
3. 動物から感染	狂犬病
4. 傷口から感染	破傷風
5. 血液・体液から感染	B型肝炎、C型肝炎、HIV感染症、梅毒などの性感染症
6. 患者から感染	結核、インフルエンザ、麻疹

4. 推奨する予防接種

	A型肝炎	B型肝炎	破傷風	狂犬病	日本脳炎	ポリオ	腸チフス	その他
短期滞在	○	—	△	△	—	—	△	—
長期滞在	○	○	○	○	—	—	△	ダニ媒介性脳炎 △ 麻疹 △

注：○推奨、△リスクに応じて推奨

コラム　病気の世界地図16

ドイツ・ベルリン〜森に潜む悪魔「ダニ媒介性脳炎」

●森の海に浮かぶ町

2005年にドイツのベルリンを訪問した時のこと。仕事を終えると、列車に飛び乗ってベルリン郊外のポツダムを訪れました。その目的は、フリードリッヒ大王が18世紀に建設した世界遺産のサンスーシ宮殿を見学するためです。

この時に驚いたのがベルリンとポツダムの往復時、列車の窓から見えた深い森でした。「ドイツは森の海の中にある」という文章を読んだことがありますが、まさにそれを彷彿とさせる光景でした。古くからドイツの人々が森を畏怖し、森と密な関係をもちながら生活を営んできた様子がよくわかりました。

●グリム童話と森

ヨーロッパの民話にも森の中でおこる出来事が数多く登場します。それはドイツの民話を集めたグリム童話も然り。この童話には200編以上の話が収められていますが、その半数近くが森に関係するものでした。たとえば『ヘンゼルとグレーテル』『白雪姫』『眠れる森の美女』。そして、こうした童話から読みとれるのは、森の中に危険なものが存在することを暗示している点です。こうした警告を、グリム童話などヨーロッパの民話は、子どもたちに伝えているように思います。

では、森の中に存在する危険なものとは何か。幼い子どもなら、道に迷って遭難するかもしれません。そこを根城とする山賊に殺されてしまうこともあったでしょう。また、森に棲む動物に襲われる危険性もありました。

これに加えて、私は、森に潜む危険なものの一つに、感染症があると思います。

●ダニが運ぶ感染症

マダニという昆虫がいます。大型の吸血性のダニで、世界中の森に棲息しています。このマダニがさまざまな感染症を媒介しますが、ヨーロッパでは古くからダニ媒介性脳炎という病気が流行していました。私はこの病気が森の中に潜む危険の一つではないかと考えています。

ダニ媒介性脳炎の流行地域はドイツから東欧、ロシアまで広範囲に及びます。この病気の病原体は日本脳炎ウイルスと近縁のもので、このウイルスをもつマダニが人間を刺すと感染がおこります。そして、感染してから1週間ほどで発熱やカゼのような症状が出現します。この症状は数日で消失しますが、患者の1割が意識障害や痙攣などの症状を発病し、死亡するケースもみられます。

●『白雪姫』や『眠れる森の美女』に秘められた病気

ダニ媒介性脳炎は中世の頃もドイツや東欧などで流行していました。森の中に遊びに行った子どもがマダニに刺され、この病気を発病したケースも数多くあったは

ベルリンのブランデンブルク門

ずです。そんな悲しい出来事を繰り返さないため、森の中は危険だというメッセージが民話に込められていったのではないでしょうか。

　私がダニ媒介性脳炎にこだわるのには、それなりの理由があります。それは、グリム童話の『白雪姫』や『眠れる森の美女』で、主人公のお姫様が不思議な意識障害を起こしている点です。たとえば『白雪姫』では、お姫様が森の中で毒りんごを食べて仮死状態に陥りますが、そこを通りかかった王子様の愛によって意識が戻るという展開です。『眠れる森の美女』はその題名からもわかるように、意識障害の物語です。100年間、森の中で眠り続けたお姫様が、王子様の愛で意識を回復させます。いずれも、森の中で意識障害に陥り、その後、意識が回復するという、ダニ媒介性脳炎を彷彿とさせる症状なのです。

●悪魔の撃退法

　時を経て現代。ダニ媒介性脳炎はいまもドイツや東欧、ロシアなどで流行しています。2001年には日本人男性がオーストリアでこの病気にかかり、その後、亡くなるという痛ましい事件がありました。最近は、日本からの赴任者や観光客がドイツの森を散策する機会も増えていますが、この病気をどのように予防したらいいのでしょうか。

　まず、森を散策する時にはマダニに刺されないように防備することです。できるだけ皮膚の露出を少なくし、露出する部分には虫よけの薬を塗るようにしましょう。また、森を散策したあとは皮膚にマダニがついていないかチェックしてください。マダニは大きさが1センチ近くあるため、皮膚についていればすぐにわかります。

　そして、ダニ媒介性脳炎の予防にはワクチンがあります。現在、ドイツや東欧では多くの人がこのワクチンを受けており、最近は患者数がかなり少なくなってきました。残念ながら日本では販売されていませんが、このワクチンを輸入して海外渡航者に接種している医療機関も日本国内で増えています。

　ヨーロッパの森は、そこに住む人々の生活、文化を形成するとともに、その地に蔓延する病気にも大きくかかわっているのです。

（濱田篤郎）

8 北米

1. 環境と生活

　北極から赤道近くまで南北に広がる広大な大陸で、カナダの大部分は寒帯ですが、アメリカでは東部や南部は温帯湿潤気候、西部から太平洋岸地域は乾燥したステップ・砂漠気候、北部の海岸沿いは地中海性気候、フロリダ半島南端はモンスーン気候と、地域によって環境がまったく異なります。暑季は6～9月、寒季は12～翌3月です。

　文化的には、多くの国から移民や移住者を受け入れてきた歴史的背景があり、多様性に富んでいます。食生活もいわゆるヨーロッパ系の食習慣を中心にさまざまな民族料理や郷土料理があります。一般的には「高カロリー、高脂質」で、一人前の量も日本人には多すぎる場合が多いので調整することが大切です。最近は健康志向の高まりから日本食や菜食、魚料理などがブームになって日本レストランが増えたほか、食材も手に入りやすくなっています。

2. 医療情報

　医療水準、病院の衛生環境や設備などに問題はなく、高度医療まで

受けることができます。ただし、いずれの国も医療費は高額になるので、医療保険への加入が勧められます。

アメリカの公的医療保険制度は高齢者や障害者、低所得者を対象としたものなので、一般には民間の医療保険を利用します。医療費は非常に高額で、滞在期間が短い場合は海外旅行保険への加入をお勧めします。

一方、カナダでは公的な国民皆保険制度を採用しており、外国人も在留期間などの条件により加入できます。公的保険の場合、医療費の負担が少ない反面、クリニックの混雑、ベッドや検査待ちが長いなどの不自由さがあります。これらの問題解消のために最近は民間の保険の利用も広がっています。

3. 感染症情報

感染経路	リスクのある感染症
1. 経口感染	旅行者下痢症
2. 蚊が媒介	西ナイル熱
蚊以外の昆虫が媒介	ダニ：ライム病（アメリカ北東部など）
3. 動物から感染	狂犬病（動物の感染はあるがヒトの患者はまれ）
4. 傷口から感染	破傷風
5. 血液・体液から感染	HIV感染症
6. 患者から感染	インフルエンザ

4. 推奨する予防接種

	A型肝炎	B型肝炎	破傷風	狂犬病	日本脳炎	ポリオ	腸チフス	その他
短期滞在	—	—	△	—	—	—	—	—
長期滞在	—	—	○	—	—	—	—	—

注：○推奨、△リスクに応じて推奨

コラム　病気の世界地図17

アメリカ・ニューヨーク〜大リーガーも悩む秋の花粉症

●恋愛映画の舞台

　アメリカの恋愛映画には、秋のニューヨークを舞台にしたものが数多くあります。『恋人たちの予感』（1989年）や『オータム・イン・ニューヨーク』（2000年）はその代表格でしょう。セントラルパークの木々が赤みを帯びる頃、この町は愛を語るのにもってこいの場所になります。

　しかし、この時期のニューヨークでは厄介な病気も蔓延します。それが花粉症です。日本で花粉症といえば春の病気というイメージがありますが、アメリカでは花粉症は秋に増えます。特にニューヨークの位置する東部はその被害が大きく、花粉症の対策なくして、秋をロマンチックに過ごすことはできません。

　かく言う私も、ニューヨークで秋の花粉症に悩まされたことがあります。1990年代初頭、学会でこの町を訪れた時のこと。休憩時間に紅葉が色づくセントラルパークを散歩していると、クシャミが止まらなくなりました。そんな状態の私を見て、友人のアメリカ人ドクターが「それは花粉症だよ」と言って、アレルギーの薬を１錠くれました。

●ブタクサが原因

　アメリカで秋におきる花粉症はブタクサというキク科植物が原因になっています。この植物は北米に広く自生しており、秋に花粉を飛ばします。この時期、アメリカ東部では雨があまり降らないので、広い範囲に花粉が飛散するのです。

　実は日本でもブタクサによる秋の花粉症が少数ですが発生しています。1960年代までは、日本でもブタクサが花粉症の原因として一番多くみられていましたが、その後は、スギが花粉症の原因として王座についています。

　一方、アメリカではスギそのものが自生していないためスギ花粉症はありませんが、日本でスギ花粉症をおこしていた人は、アメリカでブタクサによる花粉症をおこすことが多いので要注意です。

　大リーグで活躍した松井秀喜選手も花粉症が持病で、現役時代は随分悩まされたそうです。彼が渡米した当初、マスコミは３月のフロリダキャンプに注目していまし

ニューヨークのタイムズスクエア

たが、これは日本の花粉症シーズンを想定したためでした。しかし、彼の所属するヤンキースの本拠地ニューヨークは、秋が本格的な花粉症シーズンだったのです。

●**アメリカでの花粉症治療事情**

　私の話に戻りますが、友人のドクターからもらったアレルギー薬のおかげで、間もなく鼻水は止まり、この日の夕方に予定されていた研究発表も難なく終えることができました。夜のパーティーでそのドクターと再び顔を合わせました。
「ありがとう。あの薬は病院に行けば手に入りますか？」
「病院に行かなくても、ドラッグストアーで売ってますよ」
　早速、町中のドラッグストアーを訪れるとアレルギーの薬がたくさん並んでいました。これは1990年代初頭の話ですが、最近はさらに新しいタイプのアレルギー薬が多数販売されています。こうした薬を入手するのに、日本では医師の処方箋が必要になりますが、アメリカでは多くの薬が処方箋なしで入手できます。
　花粉症の予防方法も日米で大きな違いがあります。日本では花粉症の季節になると、予防のためにマスクをしている人が町中にあふれます。一方、アメリカではマスクをしている人はほとんど見かけません。あらかじめ薬を服用して花粉症を予防しているのです。

●**海外赴任者の花粉症対策**

　このように日本とアメリカでは花粉症の原因や予防方法などが異なりますが、海外赴任者は滞在先でどのような対策をとったらいいのでしょうか。
　まず、滞在先でどの時期に花粉が飛んでいるかを確認することが大切です。北米ではブタクサの花粉が飛散する9〜10月、ヨーロッパではイネ科植物の花粉が飛散する5〜7月がリスクのある季節とされています。さらに、雨の少ない季節は花粉が飛びやすくなるので、毎月の降雨量もチェックしておきましょう。
　では、滞在先で花粉の飛ぶ季節になったら、どのような対応をとればいいでしょうか。日本で花粉症の治療を受けている人は、日本の主治医に、薬を多めに処方してもらいしましょう。また、アメリカでは、先に紹介したように、薬局で薬を直接購入することもできます。いずれにしても、日本で花粉症に悩まされている人は、花粉症の季節になる前から予防的に薬を始めてみることをお勧めします。
　そして、念のためにマスクも持参してください。町中でマスクをしていると怪しい人に間違われますが、部屋の中などで着用すると回復が早まります。

（濱田篤郎）

9 中米

1. 環境と生活

　ほとんどが熱帯気候で、年間を通して降雨量が多い地域です。

　大陸北部やカリブ海諸国では雨季と乾季がはっきりとしたサバナ気候、大陸南部は熱帯雨林気候です。このような高温多湿な環境では汗疹や虫刺されなどの皮膚トラブルもおきやすく、また特に都市部では、屋内の強力な冷房と外気温の差で、カゼなどの呼吸器疾患も時期を問わず多くみられます。この地域の雨季は5～11月です。

　一方、カリフォルニア半島やメキシコ高原は乾燥気候に属します。乾季など特に湿度の低い時期はカゼや喘息などの呼吸器疾患などに注意が必要です。また、メキシコシティほどの標高でも軽い高山病症状をおこすことがありますので、高地適応ができるまでは無理な運動をしないよう心がけることが大切です。

　文化的には16世紀にスペイン人に征服された歴史から、スペインの影響が強くなっています。食文化の特徴として、トウモロコシ粉やコメを主食とし、豆類、ジャガイモ、乳製品が多用されています。海岸

部ではココナッツや魚食の習慣があり、山間部では野生動物を食べる習慣もあります。

2. 医療情報

メキシコやパナマなどの都市部は医療水準が高く、外国人も利用しやすい医療機関があります。しかし、大多数の国では医療水準があまり高くなく、衛生管理や設備が不十分な医療環境です。特に地方都市では、緊急を要する重症例に対応できる医療機関が少ないため、アメリカへ緊急移送されることも珍しくありません。

3. 感染症情報

感染経路	リスクのある感染症
1. 経口感染	旅行者下痢症、腸チフス、A型肝炎、コレラ（ハイチ、ドミニカ）
2. 蚊が媒介	デング熱、ジカ熱、チクングニア熱、マラリア、黄熱（パナマ、トリニダード・トバゴのみ）
マラリア情報	郊外の森林などで流行しており、都市部やリゾート地での流行はほとんどありません。カリブ海諸国ではハイチの全土、ドミニカの一部に流行がみられます
3. 動物から感染	狂犬病
4. 傷口から感染	破傷風
5. 血液・体液から感染	B型肝炎、C型肝炎、HIV感染症、梅毒などの性感染症
6. 患者から感染	結核、インフルエンザ

4. 推奨する予防接種

	A型肝炎	B型肝炎	破傷風	狂犬病	日本脳炎	ポリオ	腸チフス	その他
短期滞在	○	—	△	△	—	—	△	黄熱△（パナマなど）
長期滞在	○	○	○	○	—	—	△	コレラ△（ハイチ） 黄熱△（パナマなど）

注：○推奨、△リスクに応じて推奨

コラム　病気の世界地図18

キューバ・ハバナ〜高齢者医療の達人

●半世紀ぶりの首脳会談

　2016年3月、アメリカのオバマ大統領がキューバのハバナを訪問し、カストロ議長と首脳会談を行ないました。両国は約60年間にわたり敵対していましたが、ようやく関係修復への道が現実のものになってきました。

　この歴史的な首脳会談の模様をニュースで見ながら、私は2000年代初頭にキューバの首都ハバナを訪れた時のことを思い出しました。この国は1959年に社会主義革命がおこり、隣国であるアメリカとの国交を断絶します。それ以来、アメリカによる経済封鎖の影響で新しい物資が入りにくくなり、町中を走る車もその当時のクラシックカーのままでした。そんな苦しい経済状況の中、この国の人々が陽気に暮らしているのは、生まれつきのラテン気質と、国による手厚い医療政策が大きく影響しています。

●高齢者が元気な国

　私がハバナを訪れたのは現地在留邦人の健康相談が目的でした。この国にも日本企業からの派遣者が滞在しており、ほとんどの相談は大使館の中で対応しましたが、一人だけ往診の希望がありました。

　ハバナ市内の自宅にうかがうと、往診の依頼があったのは、なんと100歳近いお爺さんでした。80年ほど前に日本から移民としてキューバに渡ってきたそうです。足腰はやや弱っていましたが、大きな病気もなく元気に暮らしていました。これだけ高齢の方が元気に暮らしている背景には、キューバ政府が提供する高齢者対策があるように思います。

　キューバは社会主義国なので原則医療が無料で、医師の数も人口10万人に換算すると日本の3倍にのぼります。このように医療が充実していれば天国のように思えますが、現実にはむずかしい問題があると聞きます。たとえば、無料なのは最低限の医療であって、高度医療にはお金がかかるそうです。また、優秀な医師は海外の国際協力に駆り出されているとのこと。

　そうは言っても、近隣の中南米諸国に比べれば医療はかなり充実しているため、平均寿命は先進国並みの高さになっています。この影響でキューバでも高齢化が加速しており、政府はさまざまな高齢者対策を実施しています。

　まず、この国には在宅で暮らす高齢者が多く、介護士が自宅訪問をするシステムがとられています。また、高齢者のためのレクリエーションクラブも数多くつくられ、パーティーなど高齢者同士の交流が盛んだそうです。このクラブの存在が高齢者に「生きがい」を提供する場として重要な役割を果たしています。

● 『ブエナ・ビスタ・ソシアル・クラブ』のヒット

　キューバの高齢者が元気なことを世界に向けて発信したのが、『ブエナ・ビスタ・ソシアル・クラブ』というラテン音楽アルバムの大ヒットです。このアルバムは1997年にアメリカのミュージシャンが製作したもので、キューバの老ミュージシャンたちと行なったセッションが契機になっています。これが世界的にヒットし、1997年のグラミー賞を受賞しました。

　このアルバムに参加したミュージシャンは、それまで靴磨きや葉巻職人などをしていた高齢者たちですが、若い頃に音楽をやっていた経験を生かして、レクリエーションクラブで趣味の音楽演奏をしていたそうです。日本でいえば、地元の老人ホームで演奏していた「お爺ちゃんバンド」が世界的ヒットになるようなケースです。晩年に好きな音楽で世界中の注目を浴びるというのは、なんとも幸せな人生だと思います。

● フロリディータの誘惑

　『ブエナ・ビスタ・ソシアル・クラブ』の例もあるように、この国ではお年寄りにも音楽好きが多いようです。今回の健康相談終了後、この仕事を調整してくれた日本人の方々と、ハバナ市内にあるフロリディータというバーを訪れました。作家のヘミングウェイが足しげく通っていたことで有名なお店ですが、そこでもたくさんのお年寄りが音楽を楽しんでいました。

　生バンドの演奏タイムになると、ラテン系の妖艶なリズムの中、客席から男女のカップルが次々と立ち上がりダンスを始めます。かなりご高齢の方も見受けられましたが、その元気な姿を見て、隣の席に座っていた日本人が教えてくれました。

「この国でお年寄りが元気なのは、警察による監視体制のおかげかもしれません」

　キューバでは社会主義体制を維持するため、警察組織を強化して政府に反抗する者の動きを封じ込めてきました。この組織は治安の面で効果を発揮するだけでなく、高齢者の見守りにも一役買っていたのです。今後、キューバとアメリカの関係が修復されたら、こうした監視体制も緩和されることでしょう。その時に、この国の高齢者対策はどのように変化するのか。少し心配になってきました。

（濱田篤郎）

ハバナのバー「フロリディータ」

10 南米

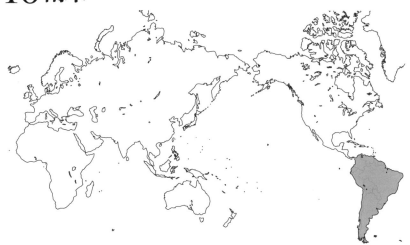

1. 環境と生活

　大陸の3分の2が熱帯雨林気候やサバナ気候です。大陸の南部は温暖な地中海性気候から寒冷多雨な西岸海洋性気候になり、アンデス山脈周辺は高山気候、ペルー北部からチリ北部にかけては砂漠気候と、地域によって気候が異なります。北部では雨季が11～翌4月、南部では暑季が12～翌2月、寒季が6～8月です。

　ペルーやエクアドルなどでは標高の高いところに都市があり、このような場所では急性の高山病になることがあります。高地に慣れるまでは十分な休息と時間に余裕をもった行動を心がけ、体調の変化によっては医療機関への相談が必要です。

　食事はジャガイモ、トウモロコシ、トマトを多用し、肉料理中心です。チリやペルーでは海産魚介類、アマゾンでは川魚がよく食されます。

2. 医療情報

　都市部には医療水準が高く、設備も整っている医療機関があります

が、英語での対応ができない病院も多くあります。

　ブラジル、ペルー、パラグアイなどの都市部には日系人医師や日系クリニックもあります。こうした医療機関ではプライマリ・ケアが受けられますが、高度医療が必要な場合はアメリカなどに移動して受診することが推奨されます。

　地方都市の医療機関は一般に医療水準が低く、医療環境も不十分なため、応急処置程度の医療しか受けられないのが実情です。

3. 感染症情報

感染経路	リスクのある感染症
1. 経口感染	旅行者下痢症、腸チフス、A型肝炎
2. 蚊が媒介	デング熱、チクングニア熱、ジカ熱、黄熱（チリ、ウルグアイを除く）、マラリア
マラリア情報	主にアマゾンとその周辺で流行しており、それ以外の都市や観光地での流行はあまりありません
3. 動物から感染	狂犬病
4. 傷口から感染	破傷風
5. 血液・体液から感染	B型肝炎、C型肝炎、HIV感染症、梅毒などの性感染症
6. 患者から感染	結核、インフルエンザ

4. 推奨する予防接種

	A型肝炎	B型肝炎	破傷風	狂犬病	日本脳炎	ポリオ	腸チフス	その他
短期滞在	○	―	△	△	―	―	△	黄熱○
長期滞在	○	○	○	○	―	―	△	黄熱○

注：○推奨、△リスクに応じて推奨

コラム　病気の世界地図19

ブラジル・レシフェ〜日本代表を襲った熱射病

●ワールドカップの結末

　2014年の6〜7月に開催されたFIFAワールドカップ・ブラジル大会。1ヵ月以上の熱闘の末に栄冠を勝ちとったのはドイツ代表でした。一方、日本代表は1勝もできないままに予選リーグ敗退という悲しい結果に終わりました。日本が敗退した理由をサッカー関係者がいろいろとコメントしていますが、開催地であるブラジルの気候に苦しめられたことも一因だと思います。

　ブラジルは南米大陸のかなりの部分を占める大国で、南北に4000キロ以上あります。これは東京からベトナムのホーチミンまでに匹敵する距離です。さらに、試合が行なわれた会場は、ほとんどが熱帯か亜熱帯に属する場所で、これは温帯育ちの日本人には適応しにくい気候でした。私もブラジルに3ヵ月ほど滞在したことがありますが、ブラジル国内の過酷な気候に苦しんだことを覚えています。

●レシフェの天国と地獄

　私がブラジルでもっとも長く過ごしたのは北東部のレシフェでした。ここはペルナンブコ州の州都で、古くからの港町です。海岸沿いには高級ホテルが立ち並び、ブラジル国内でもリゾート地として栄えてきました。こうしたホテルに私も滞在していましたが、大西洋から吹き付ける風が大変心地よく、気温は30℃以上になるものの、過ごしやすい環境でした。ただし、私が滞在したのは1〜4月の乾季で、5〜8月の雨季には湿気が大変強くなります。まさにこの町は天国から地獄に変化するのです。

　ブラジルのワールドカップで日本代表の初戦（コートジボワール戦）が行なわれたのが、雨季の最中のレシフェでした。試合中も雨が降っていましたが、温帯育ちの日本選手はかなり体力を消耗したはずです。その一方で、対戦相手のコートジボワールは熱帯の国ですから、選手たちは高温多湿の気候に慣れています。この違いが後半、コートジボワールに決勝ゴールを決められた原因になったのでしょう。

　高温に順応できるかどうかは、皮膚の汗腺の数に左右されます。熱帯で暮らしている人は汗腺の数が多く、熱くなると汗をかいて体を冷やす機能にすぐれています。しかし、汗腺の数は熱

レシフェの中心部

帯で短期間暮らしても増加するものではありません。いくら日本代表が早めにブラジル入りしても、コートジボワール代表とは汗腺の数で大きな差がありました。

●キャンプ地に帰還した影響

　ギリシャとの第２戦が行なわれたナタールもブラジル北東部の海岸沿いにあり、レシフェと似たような気候です。私は、第１戦後に日本代表がキャンプ地のサンパウロ近郊に戻ったことを疑問に思いました。そのままレシフェからナタールに移動していれば、距離も短くて済み、選手も試合会場の気候にうまく適応できたからです。キャンプ地は高原に位置するため、比較的過ごしやすいものの、熱帯の気候に適応しかけた体を元に戻してしまっては逆効果だったように思います。

　しかも、対戦相手のギリシャは日本と同様に温帯の国で、気候面でのハンディはありません。試合結果は引き分けでしたが、気候面に配慮していれば、日本が勝つことも可能だったはずです。

●ブラジル内陸部の灼熱

　コロンビアとの第３戦は内陸部のクイアバで行なわれました。それまでの２試合が海岸沿いだったのに比べ、クイアバは内陸に位置する町です。

　ブラジルの内陸部がどれだけ過酷な環境なのかを、私は身をもって体験したことがあります。それは、アマゾンの真ん中に位置するマナウスに滞在した時の出来事でした。飛行場に降り立って、私がまず驚いたのが痛いほどの暑さ。レシフェで体験した暑さとはレベルが違いました。

　マナウスの町には高層ビルが立ち並んでいますが、そこを１０分ほど歩いただけで暑さのため気が遠くなってきました。「これはまずい」と思い、目の前にあった食堂に飛び込みました。冷たいミネラルウォーターを飲みながら一息ついていると、店の主人が心配そうな顔で話しかけてきました。

「お客さん、熱射病にやられたようだね。このお菓子も一緒に食べるといい」

　そのお菓子はパソキッタといい、砂糖と塩で美味しく味付けされていました。熱射病になった時に水分だけを補給すると電解質バランスが崩れ、足のこむら返りなどがおこることがあります。このため、一緒に塩分も摂ることが大切です。日本にいればスポーツドリンクを飲みますが、こうした塩味のお菓子と水を飲んでも効果があるのです。

　このようにブラジル内陸部は熱帯の中でもメガトン級の暑さで、第３戦の行なわれたクイアバも「フライパンの上に立つ」と形容されるほどの灼熱の町でした。この環境で試合をした日本選手は、さぞや体力を消耗したことでしょう。それが、１対４という惨敗の結果に表われています。コロンビアはブラジルの隣国だけに、クイアバの暑さは、選手にとって日頃から経験している暑さだったのです。

（濱田篤郎）

11 オーストラリア、ニュージーランド

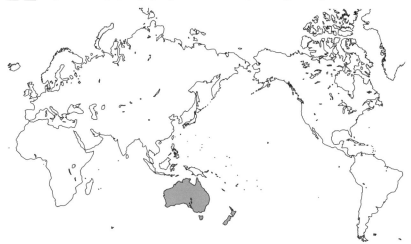

1. 環境と生活

　オーストラリアは大陸中央部の砂漠気候をはさんで北部は熱帯気候、南部は温帯気候、東部は亜熱帯気候に属します。ニュージーランドはほぼ全域が西岸海洋性気候で、年間を通して温暖な気候です。この地域の暑季は12〜翌2月、寒季は6〜8月です。

　文化的には、イギリス連邦王国の一国となった歴史とともに、世界中の移民を受け入れる「多文化主義」の影響がみられます。また、イギリスの影響の強い肉食中心の食文化に加え、さまざまな民族料理が普及しています。

2. 医療情報

　医療水準、病院の衛生環境や設備などに問題はなく、高度医療まで受けることができます。ただし、いずれの国も医療費は高額となるので、医療保険への加入を勧めます。

　オーストラリアでは国民健康保険制度（メディケア）があり、最低限の医療はカバーされますが、外国人は市民権あるいは永住権保持者

でなければ加入できません。メディケアの補助的なものとして民間の保険もあり、私立病院での入院費や歯科治療に適用されます。また、海外からのビジターのためにメディケアと民間の保険を統合した保険もあります。

　ニュージーランドには、かつてはイギリス式の保険制度があり、海外からの旅行者にも無料で医療が提供されていましたが、現在は公的な保険制度はありません。ただし、2年以上の就労ビザを保持する外国人が公立病院で医療を受ける場合は、政府の医療補助金の対象になります。

3. 感染症情報

感染経路	リスクのある感染症
1. 経口感染	旅行者下痢症
2. 蚊が媒介	デング熱（オーストラリア北部）、ロスリバー熱、日本脳炎（オーストラリア北部）
3. 動物から感染	―
4. 傷口から感染	破傷風
5. 血液・体液から感染	HIV感染症
6. 患者から感染	インフルエンザ、麻疹

4. 推奨する予防接種

	A型肝炎	B型肝炎	破傷風	狂犬病	日本脳炎	ポリオ	腸チフス	その他
短期滞在	―	―	△	―	―	―	―	―
長期滞在	―	―	○	―	―	―	―	麻疹 △

注：○推奨、△リスクに応じて推奨

執筆者経歴

【監修、執筆】
濱田篤郎（はまだ・あつお）［1〜4、8章、コラム］
　1981年東京慈恵会医科大学卒業後、アメリカCase Western Reserve大学留学。東京慈恵会医科大学熱帯医学教室講師を経て、2004年労働者健康安全機構・海外勤務健康管理センター所長代理。2010年より東京医科大学病院・渡航者医療センター教授。著書『旅と病の三千年史』『歴史を変えた「旅」と「病」』『世界一「病気に狙われている」日本人』『新疫病流行記』ほか。

【執筆】
松永優子（まつなが・ゆうこ）［5章］
　上智大学外国語学部卒業後、日系銀行スイス支店勤務を経て、日本医科大学医学部卒業。ドイツ、ルードヴィヒ・マクシミリアン大学ミュンヘンにて医学博士号取得。現在、精神科専門医として臨床に携わるとともに、東京医科大学病院・渡航者医療センターで兼任講師として海外渡航者のメンタルヘルス診療を行なう。専門は海外在留邦人のメンタルヘルス対策。

栗田直（くりた・なお）［6章］
　岩手医科大学医学部卒業。東京医科大学病院八王子医療センターで初期研修終了後、東京医科大学病院呼吸器内科入局。その後、東京警察病院救急科、東京医科大学病院救命救急センターで救急医療に携わりながら、渡航者医療センターで海外渡航者の診療にあたる。現在、東京医科大学・渡航者医療学の社会人大学院に在籍。

福島慎二（ふくしま・しんじ）［7章］
　1999年産業医科大学卒業後、産業医科大学小児科入局。2003年から労働者健康安全機構・海外勤務健康管理センターを経て、2010年より東京医科大学病院・渡航者医療センターの助教として海外渡航者の診療や研究にあたる。専門は小児科、渡航医学、感染症学。

梅村聖子（うめむら・しょうこ）［9章］
　1999〜2006年労働者健康安全機構・海外勤務健康管理センター看護師。2010年より東京医科大学病院・渡航者医療センター看護師。

大野ゆみ子（おおの・ゆみこ）［9章］
　2010年より東京医科大学病院・渡航者医療センター看護師。

中川フェールベルク美智子（なかがわ・ふぇーるべるく・みちこ）［コラム］
　1979年金沢大学医学部卒業。東京都内で研修後、日本産婦人科認定医となる。1988年にドイツ人の夫に付帯しアメリカへ。1990年よりドイツ在住。1996年よりデュッセルドルフで日本人女性の診療に従事。ドイツ産婦人科専門医。子ども5人。

海外健康生活Q&A

監修◆
濱田篤郎
編著◆
東京医科大学病院 渡航者医療センター
発行◆平成29年4月1日 第1刷

発行者◆
讃井暢子

発行所◆
経団連出版
〒100-8187 東京都千代田区大手町1-3-2
経団連事業サービス
URL◆http://www.keidanren-jigyoservice.or.jp/
電話◆[編集]03-6741-0045 [販売]03-6741-0043

印刷所◆大日本印刷

©Hamada Atsuo *et al.*, 2017, Printed in JAPAN
ISBN978-4-8185-1612-0 C2034